帥氣男孩

修煉手冊

高雪梅 / 主編
李東陽、劉晶瑩 / 副主編

什麼樣的男孩最帥氣？
個性開朗，智慧勇敢，敢於擔當，志向遠大，時尚揚光！
最帥氣男孩，做成功男孩！

崧燁文化

帥氣男孩修煉手冊
目錄

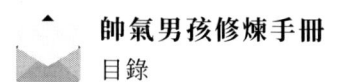

目錄

致男孩們的一封信

第一篇 青蔥歲月,陽光男孩

感受成長的蛻變 9
 被施了「咒法」的天使 10
家有玉樹初臨風 15
 青春期事件 16
「野蠻」其體魄 21
 「一球成名」——林書豪 21
男孩魅力,別具一格 26
 「南非鬥士」——曼德拉 26
讓你的特長成為你的優勢 31
 「大衣哥」朱之文 31
少年若天性,習慣成自然 35
 國學大師——季羨林 36

第二篇 智慧男孩,酣暢人生

自信是成功的第一祕訣 41
 升空的氣球 41
讓思考成為一種習慣 47
 愛問為什麼的發明家 47
宰相肚裡能撐船 51
 將相和 51
尊重是個通行證 56
 尊重「不起眼」得人 56
樂觀點亮心房 60
 堅強樂觀的麥吉 61

3

帥氣男孩修煉手冊
目錄

一個好漢三個幫 64
　馬克思和恩格斯 65

第三篇　少年英豪，勇往直前

愛拚才會贏 71
　拚搏到底 71
勇者無畏 77
　外黃小兒說服霸王 77
天行健，君子以自強不息 81
　聽不見聲音的巨人 81
少一分猶豫，多一份成功 85
　布利丹的毛驢 85
打破思維的桎梏 89
　把木梳賣給和尚 89
於無聲處聽驚雷 94
　落雪之聲大如雷 94

第四篇　鏗鏘少年，肩擔重任

一份誠信比一噸智慧還重 101
　華盛頓與櫻桃樹 102
君子一言，駟馬難追 106
　君子一言，駟馬難追 106
天下興亡，匹夫有責 109
　我有一個夢想 109
小小男子漢，責任肩上擔 114
　尿童于連 114
滴水之恩，當湧泉相報 118
　麵包裡的銀幣 118
有志者事竟成 123

愛迪生尋找燈絲 124

第五篇 立鴻鵠志，行堅定事

　　點亮迷霧中的燈塔 129
　　　　我必須成為總統 129
　　一屋不掃何以掃天下 135
　　　　書桌上的「早」字 135
　　志當存高遠 140
　　自我控制是一種非凡的美德 144
　　　　別往心上釘釘子 144
　　困難像彈簧，你弱它就強 149
　　　　「漸凍人」的抗爭 149
　　擁有夢想就擁有未來 155
　　　　夢想的高度 155

第六篇 時尚男孩，潮流前線

　　玩玩遊戲 161
　　　　有趣遊戲 162
　　讓你的大腦動起來 165
　　　　高級的思考遊戲 166
　　大家一起來 171
　　　　團隊小遊戲 171
　　時尚的弄潮兒 177
　　　　潮流時尚 177
　　管理好你的儲蓄罐 181
　　　　儲蓄罐的祕密 181
　　　　爸爸和約翰的備忘錄 182

帥氣男孩修煉手冊
目錄

致男孩們的一封信

親愛的男孩們：

你是沉浸在同伴間的遊戲活動中，還是漫遊在超人力霸王的世界裡？或者已經告別了曾經的童年時光，開始變得成熟一點，穩重一點，多了一點哲理的思考？男孩們，也許在你還沒有做好準備的那一刻，時間已經將你帶入了一個新的時期——青春期，一個既有狂風暴雨，又有清風拂面；既有熱情奔放，又有一點含蓄不露的時節。你準備好了嗎？

青春像生命的成長液，激發了身體成長的速度，改變著你的體貌。粗枝大葉的你是否開始留意自己身體上的變化了呢？嘴上有了一層細細的茸毛，喉結開始突出，聲音開始變化……發生著急劇變化的還包括你的心理，渴望成長，渴望獨立，渴望能夠展現自己帥氣的一面……面對這些，你有點惶惶然，為了使你能夠更好地瞭解自己身體的變化，調適自己內心的衝突，於是有了這本專門寫給你們的書。

青春是生命中的大好年華，是你夢想啟航的時節，是規劃自己未來的起點。請打開目錄，看一看每一篇的主題，分別從強健的體格、帥氣的外表、睿智的頭腦、無畏的勇氣、肩上的責任、遠大的志向、時尚的引領等方面給了你不同的引導，使你能夠全面地認識自己、改變自己。從引言開始，瞭解每一個主題，從每一個故事裡看人物的成長，體會自己的感受，透過「心理透視」的分析，更好地理解這個品質的作用，還有生活中一些具體的表現，接著就是你的祕笈寶典——生活魔方，引導你一步步培養好的習慣，不斷完善你的身心，然後就是心理驛站，在這裡你可以看到各項相關的有趣心理研究或效應，用心理學的知識驗證生活中的問題，最後就是一份令人回味的心靈雞湯，給你一段心靈休憩的時光。

男孩們，也許你還在徘徊著，或者觀望著，或者想著自己的理想，蠢蠢欲動。哪個男兒不立志，哪個男兒不英勇？男孩們，摒棄心中最後的那一點猶疑，從這裡開始，從現在開始，開始你的成才之旅，開始探索這個奇妙的

帥氣男孩修煉手冊
致男孩們的一封信

世界。擁抱著夢想,實踐著每一個好的品行,給自己一個堅定的信念,相信未來,有一個自己在等待。

男孩們,拿出你的勇氣和執著,迎接**轟轟**烈烈的青春年華吧!

第一篇 青蔥歲月，陽光男孩

　　青春歲月，似水年華。我們來到人生最美妙的時期——青春期，一切能量都在蓄積，一切似乎都在發生著巨大的變化。我們的身體會像扯麵條似的，一年就會被扯長好幾公分；我們的心靈也在慢慢地變化，興趣不僅僅只保留在家裡的那輛遙控小汽車上了。這個時候的我們就像是一個正在蛻變的夏蟬，努力地掙脫著原來那層殼的保護，但是又顯得那麼的嬌嫩。親愛的男孩們，讓我們攜起手來一起走過這段美妙時光的。

▎感受成長的蛻變

　　小蝌蚪漸漸長出四肢，長長的尾巴也在慢慢地消失，漸漸地向青蛙的模樣改變。變成青蛙的模樣後，就不能天天待在水裡了，慢慢健壯起來的四肢能夠讓它輕易地跨過幾片荷葉捉到那隻美味的小蟲作晚餐。我們這個年齡段的小男孩現在是不是也像一隻「小蝌蚪」呢？你正在經歷著哪些改變呢？

被施了「咒法」的天使

一鳴是校合唱團的領唱，他的歌聲優美、甜潤而高亢。在學校平時組織的歌唱比賽、節日演出中，一鳴都是合唱團的主力。同學們很羨慕一鳴的好嗓子，對一鳴的歌聲也是讚不絕口，同學們都說一鳴是上帝的「天使」。

但是，最近一鳴感覺自己的嗓子有點不舒服，說話的時候聲音有點嘶啞，以前清脆的聲音變得有點悶，有時候發音都感覺有點困難。更別提唱歌了，以前能輕易唱上去的高音現在變得很不穩定，有些音調也把握得很不準確。圓潤、高亢、甜美的歌聲聽不到了，變成了嘶啞低悶的「唐老鴨」。

同學們也為一鳴著急，以前那個「天使」難道被上帝施了「咒法」嗎？一鳴很失落，甚至有點討厭自己現在的聲音，不願意開口說話，更不願意唱歌。

一鳴的父母以及合唱團的老師都注意到了一鳴的這些變化，他們都明白一鳴被施了什麼「咒法」。一鳴的爸爸與合唱團的吳老師商量後，決定讓吳老師和一鳴聊一聊，揭開這層謎底。

當一鳴敲開吳老師的辦公室門時，吳老師笑著讓他坐在旁邊的椅子上。

「一鳴，最近的學習怎麼樣啊？」

「還行……」一張口，一鳴就感覺自己的嗓音很討厭。面前坐著合唱團裡最喜歡自己的吳老師，以前吳老師常常認真耐心地指導自己，自己所取得那些成績無不有吳老師的貢獻。

「我感覺到了這些天來你的變化，尤其是你的聲音。」吳老師就一鳴目前的情況開門見山地和他開始這次聊天的主要內容。

「吳老師，我……」一鳴被吳老師一下子點到了痛處，鼻子酸楚，一鳴強忍著沒有流淚。

「一鳴啊，」吳老師看到一鳴快要流淚了，但是還是滿臉微笑，「你目前這種聲音的變化是正常的，不是什麼奇怪的事情，是一個男孩子向男人轉變過程中必經的一個變化階段。」

「噢？」一鳴像是一個病人聽到了某個醫生談論怎麼治療自己的疾病一樣，就把全部精神集中在與吳老師的談話上。

「你這是青春期發育中的正常現象，你正處於一個變聲期。所謂的變聲期啊，就是小男孩由童聲向成人聲音轉變的時期。在這個時期裡，由於男孩子的喉頭、聲帶增長，會出現聲音嘶啞、音域狹窄、咽喉局部充血水腫等現象，平時說話以及唱歌的聲音音域、音色、音調等也會發生很大的變化。所以不用擔心、煩惱的。」吳老師說道。

一鳴終於釋然了，開始接受這個奇特的變聲過程，期待著蛻變後自己的聲音。

心理透視

親愛的男孩們，一鳴的這種經歷，你們或許已經有人開始經歷，有些人或許還不知道這是怎麼一回事兒。無論你們現在處於哪一個階段，請不要為這些變化感到緊張和恐懼。這些變化都是正常的，因為這是你們從男孩往一個男人轉變必經的一個時期──青春期。

人從呱呱落地到成長為成人，這期間會經歷兩個生理發育非常快的階段：一個是出生後的第一年，另外一個就是 11～18 歲之間的青春期。在青春期，男孩的生理特徵在各個方面都發生著變化，並且變化又是十分顯著的。親愛的男孩們，我們一起來看一看，在青春期，我們的身體外形會發生哪些變化。

身體長高

在青春期，男孩的身體外形會發生非常明顯的變化。

在青春期之前，平均每年長高3～5公分；而在青春期，每年長高少則6～8公分，多則10～11公分。男孩在青春期身體的發育是不均衡的，例如，手和腳比手臂和腿發育得快，更為複雜的是，身體其他部分的發育比四肢的發育要慢。因此，許多男孩瘦高的外表往往看起來像是早熟的成年人，但是不協調的身體更像是放大了好幾倍的少年。

體重增加

在青春期，男孩的體重也在迅速地增加。在青春期之前，兒童每年的體重增加不超過5公斤；到了青春期，體重每年可增加5～6公斤，甚至有些人可增加8～10公斤。體重的增加反映了內臟、肌肉和骨骼的發育情況，也是一個人發育好壞的標誌之一。

性的發育

男孩的第二性徵發育主要體現在以下的幾個方面：

（1）喉結突起，聲音變粗。喉結與變聲的關係極為密切，喉結增大的同時，聲帶增寬，因而發聲頻率降低，於是聲調就變得粗而低沉。有關調查發現，男孩一般在13歲進入變聲期，最早在8歲，15歲時幾乎已經全部進入變聲期。19歲以後所有的男性的喉結突起且聲音變粗。變聲期長短不一，短者四五個月，長者可達一年。

（2）上唇出現密實茸毛，或唇部有鬚，額兩鬢向後移。鬍鬚依次擴展到上唇中部及下唇中部，最後擴展到下顎，完成鬍鬚發育的全過程。

（3）陰毛、腋毛先後出現：男孩陰毛大都於十四五歲出現，腋毛比陰毛發育晚一年。

（4）外生殖器發生變化。男孩子一般在12歲左右睪丸開始增長，18歲左右已接近成人睪丸的容積。睪丸發育，容積增大，是青春期生長、發育的重要反應；與此同時，男孩13歲以後出現遺精，睪丸的間質細胞開始分泌

出雄性激素（睪丸酮），會做性夢，陰莖常會勃起。一般在 9～12 歲以後，陰囊開始增大，伴以陰囊變紅和皮膚質地的改變；12～15 歲以後，陰莖的長度和周徑增加，但周徑增加較長度增加緩慢，陰莖細長。15～18 歲以後，陰莖和陰囊進一步發育增大。

生活魔方

青春期的變化是我們不能逃避的，正確的心態是積極地、科學地看待和接受青春期裡的生理及其他的變化，遇到煩惱應該多向父母、老師請教。下面，給親愛的男孩們提出幾個建議，讓大家平穩地度過這個「神聖」而又「神奇」的青春期。

注意增加營養

青春期是長身體的黃金時期，生長所需的營養要比童年時期多出很多。因此，應該保持足夠的生長所需營養。多吃含蛋白質的食品，如豆製品、牛奶等；同時也要注意補充維生素、綠色蔬菜和動物內臟等。

經常鍛鍊身體，多注意休息

多參加體育鍛鍊，青少年的骨骼、肌肉和內部器官都處於生長時期。當骨骼裡的軟骨細胞在運動中受到刺激時，就會大量地繁殖、成熟、擴大，骨骼就會得到生長，變長變粗。肌肉越練越發達。隨著人體不斷生長發育，肌肉逐漸增長，25 歲時達到最高，所以加強體育鍛鍊就會擁有一副健美的體形。體育鍛鍊還可以增強體質，預防疾病。注意休息時間的保證，要保證每天休息時間不少於 7～8 個小時。

多向父母請教

青春期的少年自我意識開始萌發，有意無意地開始與父母疏遠，但同時又無法脫離父母，對父母又保持著強烈的依戀。青春期的知識，媒體裡不一定包含了全部，而父母作為過來人，同時又是自己最親近的人，他們將會給予你最關心、最體貼的幫助。

帥氣男孩修煉手冊
第一篇 青蔥歲月，陽光男孩

心理驛站

奇特的青春期帶來的不僅僅是身體上的變化，你們的心理也在經歷著暴風雨的洗禮，自我意識變得不一樣，情緒也有很多的變化，總是覺得自己的內心充滿了矛盾。

男孩們，瞭解了青春期生理變化後，讓我們一起來看看有哪些心理變化呢。

(1)青春期發展的矛盾心理

①心理上的成人感與半成熟現狀之間的矛盾。身體成熟，而心理發展相對緩慢，認為自己應該和成人一樣，但是認知能力、社會經驗不成熟。

②心理斷乳與精神依賴之間的矛盾。希望具有獨立判斷自主權的同時，又希望得到成人精神上的支持。

③心理閉鎖與開放性之間的矛盾。具有成人感；不信任成人導致閉鎖，但又希望與成人溝通得到理解。

④成就感與挫折的交替。比如，想成為演說家，但講話卻很「笨」，特別是與異性講話時。

(2)自我意識的第二次飛躍（第一次飛躍在嬰幼兒時期）

①強烈關注自己的外貌和體徵；

②深切重視自己的學習能力和學業成績；

③十分關心自己的人格特徵和情緒特徵。

(3)情緒變化

①不能自我控制情緒的波動；

②青春期躁動。

(4)進入生命中的第二反抗期

①對父母的依賴與自主之間的糾葛；

②從外部到內部，從行為表現到人格獨立之間的矛盾。

(5)人際關係變化

①同伴關係的變化。擇友標準發生變化：志趣相同、性格相近、煩惱相似、能相互理解。好朋友範圍縮小，但比較穩定。男生和女生關係發生變化。

②與父母關係的變化。對父母依賴減少，同時能全面評價父母。

③與教師關係的變化。開始從從多方面評價教師。

對照著這些指標，看看在你身上或者你周圍的同學、朋友身上，發生了哪些變化呢？

心靈雞湯

春天，屬於萬物復甦的季節；青春期，屬於逐漸成熟的我們。用心細細體味現在每一刻的變化，不必驚慌，更無須詫異，一切似乎都是自然界冥冥之中安排好的，等待我們的是堂堂正正、頂天立地的男兒。

家有玉樹初臨風

青春期是一個美妙的時期，也是一個懵懂的時期，隨著身體的慢慢發育，心理上也越來越渴望衝破禁錮。這個時期的男孩不僅在穿著打扮上，而且在行為表現上越來越喜歡用男子漢的標準來要求自己。這個時期的男孩，如同剛衝破泥土的嫩芽，新鮮而又充滿活力，對新鮮的事物充滿好奇，躍躍欲試。喜歡個性和標新立異，卻又渴望被認可；有時充滿著主見，有時又不知所措；時而體會到成功帶來的驕傲，時而又交雜著失敗後的羞愧……男孩們初次品味著小小男子漢的感覺。

青春期事件

　　我初二那年，正流行 Beyond 的歌曲，滿大街的唱片行都在放他們的歌。要是不會吼幾句 Beyond，就有「OUT」的嫌疑。我常穿一條布滿破洞的牛仔褲，像隻小公雞一樣驕傲地昂著頭在校園裡遊走。老媽搞不懂我為什麼要把好端端的褲子弄破。其實我只是喜歡那些昭示年輕的東西，希望脫穎而出特立獨行罷了。不只是我，我們這一群人都是如此。那時我們都認為男生要黑且瘦，才有男人味。為了男人味，我開始猛吃炸雞，據說，這東西火氣大，可以滋生青春痘。可是一直吃到高中，痘子們才「千呼萬喚始出來」。更要命的是，在這所高中裡，男女生都以白淨為美，以前的標準早已過時了！

　　我常在放學後去給外婆看鋪子，站在街道中央大喊：「快來看呐！隨便挑隨便揀，跳樓價啦……」但是，假如遠遠地看見苗苗的身影，我就會匆忙閃進店裡，並且再也不肯出來。地球人都知道，我是喜歡她的。當著自己喜歡的女孩子的面叫賣打折商品，總感覺有點不太體面。對於處在青春期的我來說，面子問題，十分重要。

　　我和樂仔、阿武一到週末就去苗苗的中學潛伏。我們偷偷溜進她的教室，坐在她的位子上，留下寫滿酸句子的紙條。我認為，這就是愛情。可是到底愛情是什麼，我都說不清楚。後來，我和苗苗的關係忽然緊張了。我決定做件極端浪漫的事扯回她的心，挽救我的「愛情」。首先想到的就是唱歌，於是，我決定為苗苗辦個演唱會。

　　我和樂仔、阿武把平時玩遊戲機的錢積攢下來，紮緊褲腰帶省吃儉用湊錢買了兩把舊吉他。一天午休結束後，我就在大庭廣眾之下開始彈撥起來。

之後就扯開破鑼一樣的嗓子唱:「細雨帶風濕透黃昏的街道……喜歡你,那雙眼動人,笑聲更迷人……」

許多女生都跑來看熱鬧。後來,苗苗也跑了出來,我激動地唱得更大聲了。曲子結束之後,我對著她大喊:「這首歌就是唱給你一個人聽的,我喜歡你!」話音一落,女生們尖叫,男生們哄然。苗苗羞紅了臉,轉身跑進了宿舍。苗苗卻在那天之後不再理我,信也不回了!許多信石沉大海之後,我收起吉他,放棄了那些無用的努力。

演唱會成了一場鬧劇,我失戀了。

那天晚上,我和樂仔、阿武決定結拜。我們點燃三根香煙,插在土堆裡,鄭重地磕頭。後來我們又喝了點酒,我假裝藉著酒勁摟住阿武說:「我再也不相信愛情了。」說罷就嗚嗚地哭起來,像個可笑的孩子。

心理透視

故事裡主人翁的故事是很多處於青春期的男孩兒都會經歷的心理衝動——開始模仿帥氣的明星;注重著裝和言行舉止,期望得到更多的關注和認可;好奇地徘徊在伊甸園門口,想窺探其中的奧祕等。這些都是青春期給我們帶來的別樣的體驗。它在給我們帶來興奮和喜悅的同時,也夾雜著一絲憂傷和茫然。

處於青春期的男孩,對成熟感充滿強烈的追求,在對生活中事情的處理方式,和周圍同學、朋友、家長、老師的關係以及對他們的態度,還有情感的表達方式都在發生著明顯的變化。雖然男孩總想以一個男人的方式來說話做事,以贏得他人的信任和尊重,但是由於涉世不深,再加上思維方式和能力的限制,使得他們的行為方式仍帶著些許稚嫩。

每個男孩與生俱來都有成為英雄的潛在需求,雄性荷爾蒙使男孩從小就愛打打殺殺、爭雄稱霸,有很強的充當保護者的慾望,認為「男兒有淚不輕彈」,「哭是娘娘腔,不像個男人」。其實,男孩與女孩一樣,有著與生俱來的自尊心,受了委屈會難受,也會傷心,過分壓抑,不利於心理的健康發

展。因此，男孩在非常痛苦的時候，可以找沒人的地方大哭一場，這對身體和心理都是有好處的。

由於性功能的成熟和性意識的出現，處於青春期的男孩開始對女性產生了興趣，與女孩的關係也在發生微妙的變化。從小學時期的「兩小無猜」到一個疏遠期，但又有強烈接近的願望。由於受到外部力量的影響，青少年男孩對異性這種願望受到壓抑。這種矛盾性使得男孩體驗到一種強烈的衝動與壓抑。有些男孩在和女孩子見面和說話的時候會臉紅，可以透過多接觸、和她們結成友誼、把女同學看成是自己的姐姐或妹妹等方式，那樣就不會臉紅了，而且會感到非常自然。

男孩們開始重視自己的外貌，有時會因為臉上的青春痘而苦惱不已。心理上獨立和個性的需求，讓男孩越來越注重打扮。愛美之心人皆有之，男孩的「愛美」之心不亞於女孩。弄出張揚的髮型、戴耳環、個性的衣著打扮等，都是青春期強烈的標新立異的欲望所致。心理專家這麼比喻：此時男孩的心態是，他們把世界想像成舞台，把自己想像成英俊的王子，想要吸引所有觀眾的目光。而王子只有一個，所以，他們就想盡各種辦法讓自己與眾不同，諸如衣著打扮另類、談吐舉止講究個性等。

按照美國發展心理學家愛利克・艾瑞克森的觀點，青春期的孩子開始尋找自我，在他們心中，自我分為兩部分：一是自己認為的自我，一是別人眼中的自我。而想獲得別人的關注和肯定更重要。男孩會認為「自己和別人不一樣就可能得到肯定」。但這個階段，男孩對個性的認識還比較片面，基本停留在物質層面上。

從一定意義上說，追求個性若把握得好，對他們成人後的工作很有好處，如創新能力強等。但不要把精力都花在衣服、手機等物品上，要把精力放在處理問題時的開拓創新上。

生活魔方

青春期是一個人身體生長和心理成長最關鍵的時期。青春期的變化是如此的迅速和巨大，對於一個青少年男孩來說，如何平穩地度過這段時期，是很重要的問題。

增強獨立性

青春期是培養獨立性的關鍵時期。要想成為頂天立地的男子漢，就要告別「衣來伸手，飯來張口」的生活，自己力所能及的事就不要去依賴父母，逐漸學會自己做決定，鍛鍊獨立處理問題的能力。

建立良好的人際關係

包括和父母、同學、朋友、老師之間的關係。男孩在青春期，會經歷一種想脫離父母幫助的獨立意識，但是自己又不能完全獨自解決問題。父母和老師經驗豐富，主動與他們溝通交流，他們會給予最熱情、最有效的幫助。當然，有些對父母和老師不方便說的話可以向同學和朋友傾吐，主動傾訴有助於快速找到解決問題的途徑，早些走出困境。

抵制不良嗜好的誘惑

青少年男孩心裡渴望一種成人的感覺，因此會錯誤地認為抽煙喝酒就是成熟的標誌，從而會染上抽煙喝酒的惡習。煙酒對人類的影響是很大的，對青少年來說就更大了。青少年正在長身體，如果你不想讓自己的身體受到煙酒的摧殘，那就離它們遠點吧。另外，要抵制黃色讀物的誘惑。對性知識的強烈好奇心，這是男孩很正常的成長經歷。想要瞭解性知識應該從正規的途徑獲得，這才會對自己有真正的幫助。還有遊戲中的英雄角色會讓男孩很容易染上網癮，男孩們一定要增強自制力，抵制不良誘惑。

從科學途徑瞭解青春期知識

從正規的出版物裡瞭解青春期的生理變化，多途徑、多方面科學地學習青春期知識。青春期是懵懂的，青春期是神聖的，青春期是好奇的，我們可愛的男孩們要抵制住那些不健康的出版物對我們的侵害，瞭解科學知識應該

從合法的途徑獲得。可以從學校圖書館借閱，也可以去正規的書店買一些書籍。

心理驛站

暈輪效應是由心理學家愛德華·桑戴克提出的。他認為，人們對人的認知和判斷往往只從局部出發擴散而得出整體印象，即常常以偏概全。一個人如果被標明是好的，他就會被一種積極、肯定的光環籠罩，並被賦予一切好的品質；如果一個人被標明是壞的，他就會被一種消極、否定的光環所籠罩，並被認為具有各種壞品質。

心理學家戴恩做過這樣的一個實驗。他讓被試者看一些照片，照片上的人有的很有魅力，有的無魅力，有的介於兩者之間。然後讓被試者在與魅力無關的特點方面評定這些人。結果表明，被試者對有魅力的人比對無魅力的人賦予更多理想的人格特徵，如和藹、沉著、好交際等。

暈輪效應不僅常表現在以貌取人上，還常表現在以服裝定地位、性格，以初次言談定人的才能與品德等方面。在對不太熟悉的人進行評價時，這種效應體現得尤其明顯。從認知角度講，暈輪效應僅僅抓住並根據事物的個別特徵，而對事物的本質或全部特徵下結論，是很片面的。因而，在人際交往中，我們應該告誡自己不要被別人的暈輪效應所影響，而陷入暈輪效應的誤區。

心靈雞湯

人生最大的感嘆是：年輕的激情是從未實現；年老的追憶是從沒發生。勇氣是青年人漂亮的裝飾。假若人生下來就是中年，然後再漸漸年輕起來，那樣，他就會珍惜一切時光，絕不會在無謂的事情上消耗自己。

——蕭伯納

▍「野蠻」其體魄

當你看到球場上那些球技精湛、動作瀟灑的球員，贏得陣陣掌聲的時候，你是否也躍躍欲試？當你看到領獎台上的體育健將在舉起那面耀眼的獎牌時，你是否也很羨慕？加入運動的隊伍裡來吧！運動可以讓我們擁有健康、強壯的體魄，運動還可以鍛鍊我們堅持到底、永不言棄的毅力。

「一球成名」——林書豪

美國時間 2012 年 2 月 5 日，NBA 常規賽尼克主場對陣籃網，在尼克隊兩大球星安東尼和史陶德邁爾手感不佳和深陷犯規危機的情況下，尼克隊替補上場的控球後衛扛起了進攻大旗。

在最關鍵的第四節，面對全明星級球星德隆·威廉斯的防守，僅僅是 NBA 二年級生的替補控衛一人獨得 12 分，率領尼克打出一波 13 比 4 的高潮，成功「破網」。全場比賽結束後，這名替補控衛得到 25 分、7 次助攻和 5 個籃板的驚人數據帶領尼克斯隊戰勝了籃網隊。

他，就是林書豪。由於他的驚艷表現，人們送給他「零輸豪」「林來瘋」的稱號。那一段日子，整個美國籃球聯盟為之瘋狂，整個體育界為之瘋狂，整個世界也在為之瘋狂。

一個二年級的球員，一個輾轉了好幾支球隊，一個差一點又被現在的球隊裁掉的球員，像上帝附體一樣的神奇。他像一座火山一樣地爆發了，從一個邊緣球員一下子變成了球隊取勝不可或缺的「精神領袖」。連《時代週刊》都在 2012 年 2 月 27 日出版的雜誌封面上刊登了他的照片。他成了最大紅大

紫的體壇明星，NBA還特批他參加NBA全明星週末的新秀挑戰賽。就連美國總統歐巴馬也因錯過了林書豪的比賽而感到遺憾。

林書豪，一個美籍華人，身高191公分，體重91公斤。在NBA裡，籃球運動被稱為黑人的運動，林書豪這樣的身體素質根本就算不上好，但就是這樣一個黃種人，他取得了神話般的成功。

之所以能取得這樣的成功，是因為他堅持愛著自己的籃球運動，他用刻苦訓練來彌補自己身體上的差距。他成功了，當瞭解了他有多麼刻苦與勤奮後，你或許就不會對他的成功像現在這樣驚奇了。

心理透視

林書豪的神奇故事或許還會繼續下去，籃球運動使他獲得了成功。但是對於一個非運動員的普通人來說，運動同樣是非常重要的。尤其對於青少年來說，運動的作用就更大了。

處於青春期的男孩們，體育鍛鍊對於身體生長的意義是非常重大的。骨骼發育在身體發育中起著決定性的作用，四肢的生長是決定身體長高的關鍵。而運動的時候，骨骼肌肉需要大量的血液，而這些血液帶有大量的氧氣和養料，新陳代謝處於旺盛狀態。

另外，由於在運動中骺板不斷受到擠壓和摩擦，細胞不斷地分裂、繁殖、增多，這樣骨骼就會長粗長長。運動時骺板的營養狀態好，推遲了骺板的骨化時間，所以經常運動的人其骨骼比不運動的人長得長，身體長得高，四肢也比較勻稱。另外，體育運動促進身體發育的另一個原因是能調整人的內分泌功能，使生長素分泌增多。生長素不僅能加速骨骼生長，同時還能加速蛋白質合成，促進內臟和肌肉發育。

另外，體育鍛鍊不僅能增強體質，還能增加大腦的溝回，使它的表面積增大。大腦活動的基本過程是興奮和抑制交替的過程。人在運動時，管理運動的腦細胞經常處於迅速的興奮和抑制過程。經過長期的鍛鍊，神經系統的調節功能、反應速度、靈活性和準確性便得到提高。運動還會讓大腦的左右

半球之間的協調性得到很好的調動,開發了左右半球的潛能。經常參加體育鍛鍊的同學的思考會比以前變得更靈活,記憶力等方面也會得到加強。

體育鍛鍊對於學習任務繁重的學生來講也是一個很好的放鬆方式。學習時間長了以後,腦疲勞就會出現,記憶力和理解力都會下降。這是因為腦組織積血過多,血流不暢,使人感到頭暈腦脹,精神不集中。適當地參加體育鍛鍊,活動一下,讓身體組織的血液循環暢通,讓腦部組織需要的營養得到及時的補充,用腦疲勞就會得到明顯的緩解,學習效率也會隨之提高。

生活魔方

體育鍛鍊可以使人強身健體,提高身體素質。保持一種愛運動、堅持鍛鍊的習慣,是一種良好的生活方式。

處於青春期的男孩特別好動,體育鍛鍊對於男孩的正常生長發育有著很重要的作用。但是,體育鍛鍊也是講究科學的,不能完全按照自己的意願來鍛鍊。請往下面看:

選擇一項適合自己的運動項目

首先,請審視一下自己的身體素質:

觀察自己的身體,看看自己屬於哪一類。

1. 發育較早,體格健壯。

2. 發育較晚,有點瘦弱。

3. 儘管瘦,但是力量足。

4. 有點胖,但不夠壯實。

(其他……)

接著,列出自己喜歡的那些運動:

球類:( );

田徑類:( );

其他：游泳、登山、騎自行車，還是⋯⋯。

最後，綜合權衡，選出自己喜歡又適合自己的運動：（　　）。

適合自己的運動才能使身體發揮潛力而不受傷，感興趣會讓你的運動充滿活力和快樂。男孩們，你選好了嗎？

體育鍛鍊要循序漸進

在體育鍛鍊中要遵循科學規律，加大運動負荷要有一個合理的順序，應該與身體的承受能力同步。以跑步為例：

1. 剛開始的時候，跑的距離不必太長，速度不要太快，堅持跑 10 分鐘。每週跑兩次，再增加到三次、四次等；

2. 鍛鍊一段時間後感覺跑 10 分鐘很輕鬆，就可以增加到 15 分鐘或者 20 分鐘，時間和次數逐漸地增加。跑步的時候也可以走跑結合；

3. 等到時間、次數都正適合了，既不會太累，也有足夠的鍛鍊效果，剩下的就是堅持下去。日積月累，體質增強了，運動量再慢慢地增加。不可以有「一口吃成個胖子」的態度。

體育鍛鍊要堅持下去

短期的體育鍛鍊是沒有什麼效果的，只有長期堅持才能收到良好的效果。現階段的男孩意志力發展處於上升期，還不能很好地把一項活動長期堅持下來。

1. 將那些需要一個人進行的運動的時間固定下來，比如，每天早上幾點或者晚上幾點，或者週末的什麼時間，其他安排繞過這個時間。

2. 做個提示錄，放在手機上或者文具盒還有書桌的醒目位置，提醒自己。

3. 請朋友、同學或者父母監督自己。

4. 獎勵自己，比如堅持了三次，就獎勵自己一件物品或者一項娛樂活動。

體育鍛鍊，不單單是對身體素質的提高，更是對精神意志的磨煉。

運動前要做好熱身準備活動

人體像一台機器，當從正常狀態突然轉換到劇烈運動狀態時，神經系統、心肺等各個器官也要突然地轉換到興奮狀態，負荷量也會大大地增加。青少年的心肺器官功能還比較弱，毛細血管的收縮性、肌肉的彈性和收縮性還不是很強，不加以熱身就直接劇烈運動會對身體造成一定的傷害。比如，在打球之前可以先慢跑一圈，做做拉伸運動，把自己的身體活動開。

運動小錦囊

飯後不宜參加劇烈運動，飯後腸胃的蠕動開始增加，腸胃的副交感神經開始興奮。如果飯後劇烈運動，那麼腸胃所需要的養料沒有得到滿足，就容易出現腹痛等現象。飯後 30 分鐘以後可以做一些輕微的活動。劇烈運動後不宜大量喝水，因為汗水帶走了很多鹽分，而且淡水會破壞人體的鹽分平衡。因此要採取用水漱口或者喝入少量的水，多次補充水分的方法。

心理驛站

為研究運動與健康的關係，前蘇聯科學家曾做了下面有趣的實驗。

將一批經檢查確認身體完全健康的 20～30 歲的男子作為實驗組，規定在 20 個晝夜裡一直臥著不準坐起、站立和做操。另選一批條件相同者做為對照組，按上述規定接受實驗，差別在於一晝夜允許對照組人員在保持臥姿的基礎上，可在專門器械上鍛鍊四次。三五天後，實驗組人員全部出現反應背部肌肉痠痛、食慾不振、便祕等反應。二十個晝夜過去後，當他們從床上站起來時，立刻感到頭暈目眩、肌肉極度衰弱、脈搏不正常地加快和急速減慢、動脈壓高到危險程度、心臟功能下降 70%。體內組織嚴重缺氧，連站立和緩緩走動都感到肌肉痠痛。這種情況一直持續到實驗結束後的 2～4 天。而對照組則基本保持著工作能力水準。活動過少能引起中樞神經和內分泌系統發生變化，這種變化使人情緒不穩定、新陳代謝產生障礙、肌肉萎縮、骨組織成分發生變化、心血管系統急劇惡性化、腸胃功能紊亂、腎功能失調。可見，運動有益於健康。

心靈雞湯

鍛鍊身體要經常，要堅持，人和機器一樣，經常運動才不能生鏽。

——朱德

男孩魅力，別具一格

開朗樂觀，讓我們的生活變得陽光快樂；自信積極，讓我們可以接受任何考驗；獨立自強，讓我們始終是一個「全能戰士」；豁達寬容，我們的心胸如大海一般開闊；勇敢剛強，任何困難都會被我們踩在腳下；冷靜沉著，讓我們更加睿智。塑造自己的性格，做最好的那一個自己！

「南非鬥士」——曼德拉

納爾遜·羅利拉拉·曼德拉出生於南非特蘭斯凱一個大酋長家庭，於1994年至1999年間任南非總統。

曼德拉曾在牢中服刑27年，在其40年的政治生涯中獲得了超過一百項獎項，其中最顯著的便是1993年的諾貝爾和平獎。

他是家中的長子，因而被指定為酋長的繼承人，但是他表示：「決不願以酋長身份統治一個受壓迫的部族」，而要「以一個戰士的名義投身於民族解放事業」。

對於自由和平等，曼德拉有著使命一般的追求。他反對南非的種族歧視，他在 1952 年成功地組織並領導了「蔑視不公正法令運動」，贏得了全體黑人的尊敬。為此，當時的南非政府對他實施了政治迫害。

1962 年 8 月，南非政府以政治煽動和非法越境罪判處他 5 年監禁。

1964 年 6 月，他又被指控犯有陰謀顛覆罪而被改判為無期徒刑，在獄中長達 27 個春秋，他備受折磨和虐待，但始終堅貞不屈。堅韌、勇敢、執著的性格指引著他繼續戰鬥。

曼德拉同時是一位心胸寬廣、為國家著想的高尚的人。曼德拉在結束 27 年的鐵窗生涯後，於 1994 年 5 月當選為南非的總統，並且是具有劃時代意義的第一任黑人總統。

然而，就在他出任總統僅兩年時間、處於自己政治生涯的巔峰時刻之時，他毅然決定辭去非國大主席職務，推薦姆貝基擔任。曼德拉一直誇獎姆貝基說：「這個人比我這個老頭強。」曼德拉放棄了個人政治利益，為了這個國家，他推薦了更年富力強的姆貝基來做總統，其品格高尚非一般人可比。

曼德拉的寬容之心同樣值得人佩服。曼德拉在監獄的 27 年中，由三名獄警專門看管，受到了殘酷的虐待。然而，曼德拉在出獄後任總統的就職典禮上的舉動震驚了世界。曼德拉在介紹完了到場的世界各國政要後說道：「我深感榮幸能接待這麼多尊貴的客人，但是最令我感到高興的是，當初我在羅本島監獄時專門看守我的三名獄方人員能夠到場。」

曼德拉說，非常感激監獄裡度過的這段歲月，在獄中磨煉了自己的意志，教會了自己如何更冷靜、如何更加睿智。當談起出獄時的感受時說：「當我走出囚室、邁過通往自由的監獄大門時，我已經清楚，自己若不能把悲痛與怨恨留在身後，那麼我其實仍在獄中。」

心理透視

　　曼德拉一生都在為了自由和平等而奮鬥，他的堅韌、執著、勇敢、寬容贏得了全世界的尊重。曼德拉之所以能夠實現自己畢生的理想，是他的性格使然。

　　在心理學中把性格歸在人格里，通俗意義上把人格和性格等同。人格(Personality)一詞來源於拉丁文「Persona」，意思是指面具、臉譜。由於面具與戲劇、演員、角色關係密切，這個詞的含義很快被擴充。

　　一場戲劇中，一個人戴上了代表暴君的臉譜，那麼他這個角色便會有殘忍、剛愎自用、脾氣暴躁等特點；如果他戴上帥氣王子的面具，那麼他便會表演出浪漫、正義、勇敢的特點。可見，性格就是每個人具備的長期的行為特點。

　　心理學中對性格的定義是：個體在遺傳素質的基礎上，透過與後天環境的相互作用而形成的相對穩定的和獨特的心理行為模式。比如，一個人的性格是勇敢的，那麼他常常在做事情的時候是大膽向前的；如果一個人是膽小的，那麼他做很多事情的時候就會畏手畏腳、膽小恐懼。

　　性格基本上包含了人們日常生活中所表現出的各種心理和行為活動。心理學家也對性格進行了多年的研究，也取得了很多研究成果。但是人的性格是非常複雜的，對於性格的研究，還沒有一種人格理論讓所有心理學家一致認同。

　　有些學者從心理機能上劃分，平時做事沉著、考慮周密的可以稱之為理智型；那些受自己感情、感受支配明顯的人，稱之為情感型；而有些人對自己要求嚴格，能夠讓自己的意志控制自己的行為，被稱之為意志型。還有一些學者從人活動的傾向性劃分，有些人喜歡與外界接觸，被稱為外傾型；有些人喜歡自己一個人活動，不愛與外人交往，被稱之為內傾型。著名的心理學家斯普蘭格根據人們的不同價值觀，把人的性格分為：理論型、經濟型、權力型、社會型、審美型、宗教型。

性格對一個人的影響是巨大的,良好的性格總是能夠使人更加優秀、更加成功。正如人們常常說的一句話:性格決定命運。

生活魔方

良好的性格對於一個人一生的影響是巨大的。青少年正處於性格形成的黃金時期,塑造良好的性格,將會對男孩們的學習、交往以及以後的工作都會產生很大的影響。那麼,怎麼樣來塑造良好的性格呢?

深刻認識自我,準確地對自己的性格進行評價

青少年要對自己的性格進行深刻的認識,對於自己所具有的性格進行認真的分析。自己是否勤快?自己是否開朗樂觀?自己是否自信?當然,青少年也可以藉助一些成熟的心理學量表來自測,從自測的結果來更加專業全面地認識自己。

360 度評價——全方位評價,邀請你身邊的人,透過聊天等方式,看看大家對你的性格的評價。記得說話不要太直接,隨意聊聊或者選擇你認為好的方式都可以。

	總體性格	性格好的方面	性格中不足的方面
家長			
老師			
同學			
朋友			
其他			

總結對照來自自己和他人的評價,對自己的性格有清晰的認識。

調整自我,塑造良好的性格

在充分、正確認識自我的前提下,對於自己性格中有待改進的地方,積極進行調整。比如,自己是否夠勤奮、是否夠樂觀、是否夠大度等等。認真反思並積極改進的人是最有發展空間的人。一個人的性格不是生下來便不可改變的。性格是在先天生理條件的基礎上,透過後天的生活經歷不斷磨合、

影響形成的。後天的成長與發展是性格形成的主因。因此，在對自己性格有所認識的前提下，對於性格中存在的不足進行積極的調整，這是塑造良好性格非常重要的一個步驟。

敢於面對真正的自我，克服自己性格中的弱點

一個人的性格成型是在長期的生活中形成的，有著相對平衡的心理狀態。即使性格中存在某些弱點，明顯地阻礙了自己性格的完善，但是人的心理是個複雜的過程。

有些人為了顧及這些弱點給自己帶來的一時獲益，比如，懶惰可以讓自己輕鬆，習慣性退卻可以讓自己避免失敗，高傲可以讓自己的虛榮心得到一時的滿足。但是長遠來看，這些性格弱點會使自己前進道路障礙重重。要鼓起勇氣，面對真實的自己，尤其是自己性格中真實的弱點。發現自己的弱點可以透過自我激勵、向榜樣學習、慢慢培養好習慣等方法來克服性格中的弱點。

心理驛站

心理學家按人的行為方式，即人的言行和情感的表現方式將我們的性格分為 A 型性格和 B 型性格（此處可不是血型哦）。A 型性格的人脾氣比較火爆，有闖勁，遇事容易急躁，不善克制，喜歡競爭，好鬥，愛顯示自己的才華，對人常存戒心等。而 B 型性格的人性情隨和，不喜歡與人爭鬥，生活方式悠閒自在，不爭名利，對成敗得失看得較淡，不太在意成就的大小，對工作生活較容易滿足；工作生活從容不迫，有條不紊。

A 型人由於一系列的緊張積累，極易導致心血管病，甚至可隨時發生心肌梗塞而猝死。據統計表明，85% 的心血管疾病，與 A 型行為有關。同樣，有關研究也表明，A 型性格與冠心病的發生密切相關。在心臟病患者中，A 型性格高達 98%。

心靈雞湯

　　對一個人來說，真正重要的不是他的背景、他的膚色、他的種族，或是他的宗教信仰，而是他的性格。

——尼克森

▎讓你的特長成為你的優勢

　　你有什麼特長？或許，你能羅列出很多，說明你真得很了不起；或許，你自卑地說，自己沒有什麼特長。你知道嗎？其實，每個人都有自己最擅長的一項技能，有些人發現得早，而有些人還沒有發現隱藏在自己身體裡的那個「寶藏」。

「大衣哥」朱之文

　　2011年2月13日，《我是大明星》濟南賽區的海選現場來了一位穿著很有特點的40多歲的男人。

　　只見他穿著破舊的軍大衣，戴著破舊的線帽，緊握麥克風。有點緊張的他，雙腿也在不停地哆嗦。台下的評委和觀眾對這個參賽選手的打扮感到很奇怪。一般上台演出的演員都會衣著鮮亮，不敢說是價格昂貴，至少也得穿得像個演出的樣子。

　　選手開口演唱了一首《滾滾長江東逝水》。他一開口，台下的人都被鎮住了。他嗓音洪亮、歌唱得大氣磅礡，簡直就是原唱的聲音。但細細聽，也有自己的特點。

帥氣男孩修煉手冊
第一篇 青蔥歲月，陽光男孩

該選秀節目的一位評委說：「當時他上台開唱時，我還以為是音響師出錯了，把原聲帶給放出來了，但是仔細聽一下又覺得不對，他的聲音很像楊洪基，但又有自己的特色。」他就是 2011 年網路上非常火的「大衣哥」——朱之文！

他獨特的、樸素的，甚至是其貌不揚的著裝與那深厚的唱功形成了巨大的反差。網友們也被朱之文的表現鎮住了！並且根據他那天的穿著，贈給他一個稱號——大衣哥！

這個「大衣哥」朱之文是何方神聖呢？朱之文，1969 年出生，是一個普普通通的農民。家境貧寒，全家年收入只有 5000 元左右，家裡有老人需要贍養，還有兩個年幼的孩子需要撫養。

雖然，朱之文只是一個農民，家庭條件也不是很好，但是他對唱歌卻非常痴迷。他沒有被生活的殘酷泯滅了對自己興趣愛好的堅持與追求。在自家的院裡，在勞作的農田裡，在村裡的堤壩上，在回家的路上，到處都飄揚著朱之文雄渾、磅礴的歌聲。唱歌已經成為他生命的一部分。

他在 2012 年中央電視台春節聯歡晚會上演唱了《我要回家》。在中國最大的舞台上，朱之文表現得很漂亮。他說：「我要做中國最會唱歌的農民！」

心理透視

在人們眼裡唱歌就是「大衣哥」朱之文的特長，並且他很好地利用了這個特長，最終獲得了成功。當然，他的成功也有網路的推力。朱之文給我們提供了一個很好的例子，只要把你的特長發揮到最大化，你的特長就能成為你的一種優勢，這個優勢就有可能在你成功的路上助你一臂之力。

什麼是特長？特長就是自己特別擅長的技藝，或者在某個領域有專長。特長在一般人看來，似乎只有在與別人的比較下才能算特長。其實，這樣理解特長倒是把自己的特長看得太狹義了。特長不一定非得是和別人比較的情況下才體現出自己的優秀，自己也可以和自己比啊。比如，把自己的學習能力和其他能力（運動能力、組織能力等）比，自己最擅長的就是自己的特長。

每個人都有自己最擅長的技能，「上帝在關閉了一扇窗的時候會給你打開另外一扇窗」。有些人歌唱得好，那就是有文藝專長；有些人文章寫得好，那就是有寫作專長；有些人足球踢得好，那就是有運動專長……總之，只要你去認真發掘，你身上總有一處令自己和他人刮目相看的能力。有些人很容易就發現了自己的專長，而有些人的專長還沒有被「主人」發現。

美國哈佛大學心理學家哈沃德·加德納提出了著名的多元智慧理論。他認為，每個人身上至少存在語言、數理邏輯、空間、身體運動、音樂、人際關係和自我認識等七項智慧，但是，這七項智慧在具體人身上會表現出個體差異。也就是說，每個人都有自己的強項和弱項，在這方面是「特短」的人，可能在另一方面是「特長」。這正應了中國的一句古話：「尺有所短，寸有所長。」

心理學家發現，那些從小在某些領域有優秀表現的或者有著特別擅長技能的人，往往能在以後的生活中透過自己的專長獲得別人的認可。被他人認可，積極性就會愈發地被激起，在讚美聲中繼續他的特長，慢慢就會成為自己的一個興趣，甚至有些特長還會成為對自己影響深遠的一項優勢。

那些已經明了自己特長的同學，如果你感到越來越喜歡從事這個活動的感覺，那麼你就要繼續下去。興趣是一個人前進最好的動力。那些感覺自己沒什麼特長的男孩，請不要氣餒和灰心。

摒棄自卑，給自己積極的信心。去嘗試著尋找自己所喜歡的活動，在這些活動裡尋找自己的特長。不是自己沒有特長，而是自己還沒有發現自己原來在某一方面其實真的很優秀！

生活魔方

當看到其他人在別人面前展示自己的才華，獲得掌聲和追捧的時候，親愛的男孩們，你們是不是也非常羨慕他們，也希望能夠在大家面前展示自己的特長和才華呢？的確，培養自己的特長對於自己來說是一件很有益的事情。或許，這一項特長就成了陪伴你一生的興趣；或者這個特長還有可能就成了你事業成功的一個助力器。那麼，怎麼才能培養自己的特長呢？

以興趣為原則，在喜歡的活動裡尋找特長

培養自己的特長，一定要以自己的興趣為出發點，在自己非常喜歡的活動裡選擇。興趣是最好的老師，也是最大的動力。在興趣的伴隨下，你才能有源源不斷的動力把這項活動繼續下去，這個特長才能越來越突顯優勢。失去興趣的活動，是不能夠持續長久的。因此，培養自己的特長，要保證這個活動是自己感興趣的，並且是有長久興趣的。

保持自己的好奇心，去嘗試各種活動

好奇心是一枚巨大「磁鐵」，它具有巨大的魔力讓你靠近。青少年的你對這個世界充滿了熱情和好奇，這個世界也是如此的繽紛多彩。身邊總是有著各種活動引起你的好奇心。大膽行動，去嘗試那些吸引你的事物。在沒有嘗試之前，根本不能體驗到它的美妙。說不定在你熟悉以後，你會發現更大的樂趣，從而讓你在這個領域更擅長，成為自己一項優勢。

勇於展現自己的特長

親愛的男孩們，要勇於在大家面前展示自己的特長，處於青少年的我們應該是朝氣蓬勃的，應該是積極向上的。自己有特長應該勇於展現，讓大家來檢驗你的能力。當你在獲得大家的認可時，你就會有更大的動力；當你沒有得到大家熱烈的掌聲時，也不要氣餒，要再接再厲。

刻苦練習，注意後天提高

即使有很高的天賦，在你對它「不聞不理」的時候，天賦也會慢慢地消失殆盡。注意後天的訓練與提高，是保持特長優勢的持續動力。因此，在自己找到自己的興趣與特長後，努力練習提高，才能讓它「永保活力與青春」！

心理驛站

諾貝爾化學獎獲得者奧托·瓦拉赫，他的成才過程極富傳奇色彩。瓦拉赫在開始讀中學時，父母為他選擇的是一條文學之路，不料一個學期下來，老師為他寫下了這樣的評語：「瓦拉赫很用功，但過分拘泥，這樣的人即使有著完美的品德，也絕不可能在文學上發揮出優勢來。」

此時，父母只好試著讓他改學油畫。可瓦拉赫既不善於構圖，又不會潤色，對藝術的理解力也不強，成績在班上是倒數第一，學校的評語更令人難以接受：「你是繪畫藝術方面的不可造就之才。」面對如此「笨拙」的學生，絕大部分老師認為他已成才無望，只有化學老師認為他做事一絲不苟，具備做好化學實驗應有的素質。建議他試學化學。父母接受了化學老師的建議。這下，瓦拉赫智慧的火花一下被點著了。

文學、藝術的「不可造就之才」一下子變成了公認的化學方面的「前程遠大的高材生」。在同類學生中，他遙遙領先。後來，瓦拉赫在化學上取得了舉世矚目的成就。

瓦拉赫的成功，說明了這樣一個道理：人的智慧發展是不均衡的，總有智慧的強勢和弱勢。只要選擇了自己的強勢智慧，使智慧、潛能得到充分發揮，便可取得驚人的成績。這一現像人們常稱之為「瓦拉赫效應」。很多名人之所以有所成就、有所作為，甚至成為大師級的人物，是他們很幸運地在有意無意之間，選擇了自己的強勢智慧，並與社會的發展和經濟的進步結合在了一起。

心靈雞湯

任何一種興趣都包含著天性中有傾向性的呼聲，也許還包含著一種處在原始狀態中的天才的閃光。

——張潔

少年若天性，習慣成自然

修養是一個人一生都在修煉的「功夫」。修養是一個人外在表現的氣質，修養是一個人內涵談吐的流露，修養是一個人道德品質的閃爍，修養是一個人睿智的完美再現，修養是一個人優秀的全部。彬彬有禮、舉手投足間淡定自若、談吐中自信飛溢、觀點深邃而智慧，這些無不是一個人魅力的最好體現，而這一切都可以稱之為修養。修養，本身就是一種力量。

國學大師——季羨林

　　季羨林1930年考入清華大學，後又留學德國，在哥廷根大學獲得了博士學位。於1945年回中國後，被聘為北京大學的教授。為印度古代語言研究、佛教史研究、吐火羅語研究、東方文化研究、保存和搶救中國古代典籍做出了重要的貢獻。

　　季羨林不僅在學術上做出了巨大的貢獻，他的治學態度和品德修養更是讓人佩服不已。季羨林由於在學術方面的卓越貢獻，以及他那令人敬仰的品格，被2006年中央電視台評選為「感動中國十大人物」。

　　頒獎詞如下：智者樂，仁者壽，長者隨心所欲。曾經的紅衣少年，如今的白髮先生，留德十年寒窗苦，牛棚雜憶密辛多。心有良知璞玉，筆下道德文章。一介布衣，言有物，行有格，貧賤不移，寵辱不驚。

　　季羨林雖然是學術大師，但是他為人親和，從不擺架子。家裡來了客人，總是熱情款待。客人走的時候，總是要送到視線看不到客人為止。後來季羨林生病住院，老家的人來看他。他見面總是先說：「我90多歲了，行動不便，不能下床迎接。」臨別又說：「我年紀大了，送不了你們了。」

　　從廣為流傳的季羨林在炎炎夏日裡為一個新入學的大學生看管行李，等了很久直到那個學生回來才肯離開的故事裡，就可以看出季羨林大師平易近人、信守諾言的高尚品質。

　　季羨林搞學術執著而勤奮，每天早上4點鐘起床寫作，數十年如一日。季羨林生活也是非常簡樸，據說就兩件中山裝換來換去地穿。他雖然對自己很簡樸，但是自己絕不是一個小氣吝嗇的人。生前，季羨林珍藏了很多非常有價值的文物和書籍，但是他在自己的遺囑上說，等他逝世後自己收藏的文物以及書籍要捐給學校和國家。

　　季羨林謙虛謹慎，對於名利等看得很淡。由於季老深厚的學術造詣，以及令人敬仰的品格，被人們尊稱為「國學大師」「學術泰斗」，甚至「國寶」。但他說「環顧左右，朋友中國學基礎勝於自己者，大有人在」，並「昭告天下」把這三項「桂冠」摘下。

心理透視

不得不承認季羨林老先生是個修養極高的人，無論是在學術上，還是在道德品質上。季羨林老先生的確是我們這些後輩和當代人學習的榜樣。一個有修養的人，總是散發著迷人的人格魅力，總是讓人感覺到高尚的美麗。那麼，到底什麼樣的人才算是有修養的人呢？

修養是人的文化、品行、智慧的綜合體現，是優秀品位與價值的外在體現。修養使得一個人從內到外都散發著理性智慧和形體的美，而這種美無時無刻不在散發著誘人的人格魅力。為什麼有些人舉手投足之間，甚至微笑、對視的時候都是那麼親切、舒服呢？這就是修養的妙處所在。從內心深處，每個人都欣賞這種良好修養自然流露出來的美。這種美不是刻意裝出來的，不是一些名貴的服飾或其他的東西可以襯托出來的，這是一種真實的美。

修養是人的優秀品質的綜合體現，那麼就要涉及到人的各個方面了。粗略地講可以從外表與內心兩個方面來說。外表表現出來的行為舉止是一個人修養最外在的體現。有些人走起路來懶懶散散，坐姿也是東倒西歪的，說話的時候很大聲、不顧及旁邊人的感受，甚至有些人髒話連篇，不注意講文明，隨手亂丟垃圾、亂吐痰等等。這些都是沒有修養的表現，因此，親愛的男孩們，平時應該注意文明禮儀的修養，自我監督，自我修煉。

內心修養是一個人修養最核心的部分。內心的修養包括品質修養和自我脾性的修養。品質修養是一個人修養之中最難的部分。如季羨林老先生，真誠待人、尊重別人、恪守諾言、不貪圖名利、謙虛謹慎、認真負責等。尊重、理解、寬容他人是修養中最基本的要求。而自我脾性的修養就是要嚴格要求自己，不能隨意發脾氣，遇事要沉著冷靜，不慌張、不急躁，讓自己變得更加成熟穩重。

另外，文化修養也是修養中很重要的一部分。「腹有詩書氣自華」，一個人獨立而又獨特的思想是在有著豐富的閱歷後慢慢形成的，多讀書、多讀好書是一條必經之路。多讀書能讓自己的思維開闊、嚴謹而符合邏輯，也能讓自己在觀點表達中引經據典、有理有據。

生活魔方

有修養的人，生活有品位，散發著迷人的人格魅力，讓人產生美的感受。人的品位和修養不是天生的，是後天培養的。好的修養需要長期培養、長期自我修煉。下面就給大家幾條建議：

多學一點禮儀知識

站有站相，坐有坐相。站立時應注意不要有歪脖、斜腰、屈腿等不雅的姿態。坐著的時候，不蹺二郎腿、不要機械式抖動雙腿或搖擺腿腳。另外，還要注意談話禮儀，比如注意禮貌用語、語氣語調、多傾聽等，對長輩有禮貌、對女同學有風度。用餐禮儀和公共場合禮儀也是我們需要多多學習的知識。

學會忍耐與寬容

血氣方剛的年齡，男孩要學會忍耐與寬容。在生活中常有許多你無法接受的事情，但這些事情你又不得不接受時，這就需要你的忍耐，深呼吸，或者轉移注意力，或者透過跑步、大喊發洩一下，不要衝動地做出不理智的行為。

對於周圍同學或者路人一些無意的冒犯，比如，推搡了你、不小心碰到你的物品，或者一些不當言語。請大度地笑一笑，在心裡告訴自己：人都有不小心的時候，我也會這樣。

多多看書

看書不僅僅是要學習知識，還有很多有趣而又富有哲理的書，能夠開拓你們的視野。選擇你喜歡的，每天晚上讀半個小時，或者週末給自己半天的讀書時間，去圖書館或者書店。與朋友分享你看到的好書，可以為自己喜歡的事情蒐集很多資料。慢慢地，你會體會到讀書帶來的樂趣，增長了知識，也會提升你在同學心目中的形象，還能招來女孩子的青睞哦。

發現生活中的真善美

「真」,就是對自己實事求是,不要騙自己,也不要騙別人;就是誠實做人、誠實做事,誠實的男人最可愛。「善」,自然是善良的意思了。善待別人,就是在善待自己的生活。「善」其實就在我們每一個人的身邊,不要為難別人,不要挖苦別人,不要侮辱別人,就是善良的行為。不要總惦記著自己的不幸,你覺得「不幸」是因為你無法樂觀地面對生活,生活總是充滿希望的。只要你常常抬起頭,看看陽光,你就能感受到溫暖。「美」就是美好的意思了,美會給人以大愛、給人以活力、給人以快樂。所以,用心去感受生活吧。

樹立榜樣

榜樣的力量是巨大的,尤其是你自己找到的榜樣。選擇榜樣的時候要注意這個榜樣是否是正面的,看到榜樣閃光點的時候,不妨想想榜樣是如何透過努力一步步做到這個程度的,以此來指導自己的學習、生活。

修養,是一個人一生的功課,只有堅持自我修煉與培養才能成為一個舉止得體、談吐不凡、品位高雅的人。

心理驛站

1946 年,社會心理學家所羅門·阿希 (Solomon E. Asch) 做過一個具有開創意義的研究——第一印象研究。他向兩組被試者分別描述某個人的性格特徵,他對第一組這樣描述「聰慧、勤奮、衝動、愛批評人、固執、妒嫉」;對第二組被試者仍使用這 6 個特徵,只是順序正好相反,變成「妒嫉、固執、愛批評人、衝動、勤奮、聰慧」。結果,先接受了肯定資訊的第一組,對被描述者的印象遠遠優於先接受了否定資訊的第二組。

已有的研究表明,絕大多數人在初次見面的最初 4 分鐘,就對交往對象形成了整體印象。因此,第一時間呈現出的表情、姿態、儀表、服飾、語言、眼神等印象,雖然零碎甚至膚淺,卻經常會給我們的生活帶來深遠的影響。無論你相信與否,有時候,第一印象就是我們唯一一次表現自己的機會,決定著人際交往的命運。

帥氣男孩修煉手冊
第一篇 青蔥歲月，陽光男孩

心靈雞湯

　　古之欲明德於天下者，先治其國；欲治其國者，先齊其家；欲齊其家者，先修其身；欲修其身者，先正其心；欲正其心者，先誠其意；欲誠其意者，先致其知；致知在格物。

―― 《禮記》

第二篇 智慧男孩，酣暢人生

　　智者不惑，仁者不憂，勇者不懼。這是何其美妙的人格魅力啊！智慧，是每一個人一生都在修煉的「功夫」，但不是每個人都能「得道成仙」。修煉智慧，本身就是一件很智慧的事情。懵懂的我們，在人生這條路上剛剛開始前行。年幼的肩膀正要接過人生路上的包裹，人生之路不是一帆風順的，是充滿了坎坷的。在人生之路上，上帝為我們設置了很多的考驗，而他又把鑰匙藏在了每個人的心裡。而這把鑰匙就是我們的智慧！親愛的男孩，人生路上的小行者，讓我們邊走邊聊人生的智慧吧！

▋自信是成功的第一祕訣

　　自信是一根柱子，能夠撐起精神廣袤的天空；自信是一片陽光，能驅散迷失者眼前的陰影；自信是一顆神奇的種子，一旦在你心中生根發芽就會形成無窮的力量。自信的人總是充滿希望的，總是對未來充滿了憧憬的，自信是通往成功的一張通行證。

升空的氣球

　　美國著名的心理醫生基恩博士常常給病人講他小時候所經歷的一件觸動心靈的故事：

第二篇 智慧男孩，酣暢人生

在美國的一個公園裡，一群天真的孩子正在空地上開心地玩耍。這個時候，一輛掛滿了氫氣球的貨物小推車推進了公園裡。每天這個時候，一位慈祥的老人總是推著他的小貨車來到這裡。他的商品賣得很好，他看著小孩子們開心地玩耍也很開心，臉上總是堆滿了笑容。

今天，他又準時地來到了這個公園。一群白人小孩看到老人推著小貨車來到了公園，一窩蜂似地湧上去圍著小貨車爭相買氫氣球。老人接過孩子們的錢，給每人拿一個最喜歡的氫氣球。在公園一角的一條椅子上坐著一個和那群白人小孩年齡相當的黑人小孩，他遠遠地看著白人小孩拿著氫氣球在公園裡跑來跑去地追逐、戲耍。他也很想買一個氣球，像那群白人孩子一樣在公園裡戲耍，但是他怕被人恥笑，他怕人們異樣的眼光。孩子天真好動的天性被社會種族歧視的偏見壓制著，一個弱小的心靈在承受著怎樣激烈的衝突？最終他稍稍戰勝了被嘲笑的擔憂，他怯生生地走到老人的小貨車前。

「您可以賣給我一個氣球嗎？」小男孩用懇求的語氣問道。

「當然可以。」老人溫和地回答他，「你想要一個什麼樣的氣球呢？」

「黑色！」小男孩看到老人很慈祥，他鼓起勇氣說道。

「好，給你。」老人從小貨車上摘下一個黑色的氣球，微笑著交給小男孩。

小男孩開心地接過老人手中的氣球，扯住那個線，小手一鬆，氫氣球飄上了天空。在藍天白雲的映襯下形成了一道漂亮的風景。

小男孩興奮地看著老人，笑容溢滿了他的小臉。老人看著孩子的笑容如此燦爛，他摸著孩子的腦袋說：「我親愛的孩子，你要記住，氣球能不能升起，

不是因為它的顏色和形狀，而是因為氣球內充滿了氫氣。同樣，一個人的成功不是因為他的膚色和民族，而在於他的內心是否充滿了相信自己不比別人差的自信心……」老人的話掃除了小男孩心中的那些陰霾，像燈塔一樣照亮了小男孩對未來的希望。「我不比白人差，我們不同的只是膚色，而不是智商。」

這個小男孩日後透過自己的努力和奮鬥獲得了成功。

心理透視

基恩博士被睿智的老人點醒了，雖然他是黑皮膚，和白人的膚色不一樣，但是他的智商和能力不是天生就比白人差。是美國的種族偏見讓小基恩感到自卑、感到低劣，他被偏見矇蔽了智慧。基恩擺脫了種族給自己帶來的自卑，重新獲得自信，成為他獲得成功不可或缺的保證。

對於任何一個人來講，自信都是非常重要的。自信 (self-confident) 在英語裡是這樣解釋的：believe that one is right on something or that one is able to do something。自信在英文裡的解釋很清楚，讓人能很明白地理解自信真正的內涵，只要你在某件事情上認為自己是對的，或者認為自己能做某件事就可以擁有自信。在心理學領域中，心理學家班杜拉也曾對自信心相近的自我效能做過定義，他認為自我效能是指個體對自身應付特定情境能力的評價。

自信心對於一個人來說是具有重要意義的，而對於處於成長黃金年齡段的青少年來講顯得更為重要。

首先，自信是一個人心理健康的重要保障。對自己充滿自信的人，對自己是一種接納的態度，對自己是欣賞的。充滿自信的人，認為自己是有能力和別人一樣獲得不俗的成就的，對未來充滿了希望，他的心態是樂觀的。

其次，自信是取得成功的重要保障。美國成功學家戴爾·卡內基曾在調查了很多名人的經歷後指出：「一個人事業上成功的因素，其中學識和專業技術只占15%，而良好的心理素質要占85%。」具備了良好的自信，就能發現

自己的優勢，對自己能夠獲得成功具有充分的認可度。同時對自己的能力能夠真實、客觀地評價，為成功完成一件事情創造了良好的條件。

最後，自信是一個人承受失敗、挫折的保證。在通向成功的途中，可能會遇到挫折，可能會遭遇失敗和困難，但是對於一個充滿自信的人來說，這些失敗和困難都只是達到成功過程中可能要經歷的事情，而成功才是最後的結果。他們堅信，成功是最終的結果，失敗和挫折只會讓他們更加堅強。

生活魔方

自信對於一個人來講，不僅僅是取得輝煌成就的心理條件，而且是保障現實生活幸福快樂必需的心理素質。美國成功學家戴爾‧卡內基曾說：「世界上沒有人生下來就膽怯、害羞、臉紅，這些都是後天成長中社會教會我們的。而世界上也沒有一點都不膽怯、害羞、臉紅的人，包括我自己。人人都有，只是程度不同、持續的時間長短不同而已。」心理學家也告訴我們，膽怯、害羞、臉紅的人往往是對於人際關係很敏感的人。他們很在乎別人對自己的看法，生怕自己的表現沒有達到社會所要求的「優秀標準」。因此，既然我們能在後天形成害羞、自卑等性格特徵，那麼我們也能透過後天訓練重新獲得自信，那麼都有哪些方法能讓自己更自信一些呢？

做自己力所能及的事情

從日常的小事做起，做自己能夠成功完成的事情。沒必要非得是「驚天動地」的大事，也沒必要是受萬人矚目的事情，可以從身邊的事情著手，力求每做一件事情都要成功。從每一件小事的成功中得到成就感，慢慢地培養自己的信心。例如，養成按時起床的習慣、養成今日事今日畢的習慣等等。

與人交流的時候學會正視

眼睛是心靈的窗戶，因此，眼睛透露著內心很多資訊，眼睛是最不會撒謊的部位。有些同學在與人交流的時候眼睛總是飄來飄去游離不定，給人以不尊重的感覺，其實內心中是害怕正視談話對象。游離的眼神也在暗示自己我不如他、我在害怕。學會在談話的時候正視他人，能夠給人以堅定、自信的感覺，自己也在積極暗示自己，我很棒。

練習當眾發言的能力

很多人都沒有勇氣在眾人面前發言，害怕自己萬一出了醜別人會嘲笑自己。其實，當眾發言是一種非常好的鍛鍊言語組織能力、鍛鍊思考快速反應的形式，最重要的是成功地在眾人面前發言，是一個快速提高個體自信的方法。抓住機會，在眾人面前發言，哪怕是回答一個問題，哪怕是闡述自己一個簡短的觀點。或許剛開始的時候，還有些拘謹緊張，一旦突破了第一次的心理底線，自信心會得到很大的提高。

加快自己走路的速度

許多心理學家認為一個人外在行為是內心的一個反應，一種懶懶散散的姿勢、緩慢的步伐是一種漫不經心消極的自我暗示。心理學家還研究發現，藉著改變姿勢與速度可以改變心理狀態。平時走路的時候挺起胸膛，目視前方，一副朝氣蓬勃的姿態會對自信心的提高有幫助。

要努力學習，加強個人修養鍛鍊

能力是一個人自信心的保障，只有具備了某一方面的能力，才能在這個領域裡取得成功，自信心才能慢慢地培養起來。

心理驛站

史丹佛大學心理學教授卡羅爾·德維克首先區分出具有固定心態的人和具有成長心態的人，固定心態的人傾向於同意這些觀點：你具有一定的智慧，卻不能做出一些事情改變它；成長心態的人傾向於認為，只要投入足夠的時間和精力，就能夠處理好任何事情。具有固定心態的人認為失敗是因為自身的能力低，這樣的任務對於自己來說是永遠無法完成的；然而具有成長心態的人把錯誤看成是獲得新知識和新能力的重要機遇。

卡羅爾·德維克給紐約市 400 個五年級學生出一份相當簡單的測試，其中也夾雜一些非文字類難題。當孩子們完成測試之後，研究人員告訴學生他們的得分，並相應地給出讚美。一半的孩子都獲得了不錯的分數，在智力方面

獲得了肯定：「你們在這方面真的很聰明。」另外一些學生因為他們付出的努力而獲得了讚美：「你們在做題的時候真的非常努力。」

接下來，這些學生被允許自由選擇參與另外兩個不同的測試。第一個選擇是一個難度係數稍高的測試，但是孩子被告知嘗試這個會學到很多東西。另外一個選擇是一個簡單測試，和之前做的測試一樣容易。

結果發現，不同的讚美形式，出人意料地影響了學生對這一組測試的選擇。對於那些被讚美很認真努力的孩子們來說，接近 90% 的人選擇了難度係數更高的那組測試。然而，在那些被讚美很聰明的孩子們當中，絕大多數人都選擇了更簡單的那組測試。與「聰明的」學生相比，「努力的」學生更願意接受挑戰。

德維克的第二組實驗證明了，對失敗的恐懼感會抑制對學習知識的渴望。於是他對這些五年級學生做了另外一個測試。這個測試被設計得極為困難，德維克想知道這些孩子面對挑戰會作出什麼樣的反應。

那些最初被讚美認真努力的孩子們在解答難題的時候絞盡腦汁。另外一邊，那些被讚美是很聰明的孩子們做題時很容易受挫。他們把失敗看作是「愚蠢」的象徵：也許自己並沒有看上去那麼聰明。在做完這個難度係數更高的測試之後，兩組學生被允許自由選擇查看得分低的測試卷，或者查看得分高的測試卷。被讚美聰明的學生為了挽回自尊心，幾乎都選擇拿得分低的測試卷和自己的做對比。相對而言，那些被讚美認真努力的學生都傾向於選擇查看得分高的測試卷，他們想弄清楚自己犯的錯誤，並從錯誤中作出總結，尋找做得更好的辦法。

最後一輪測試和第一輪測試保持同樣的難度係數。結果發現，被讚美認真努力的學生們都表現出了驚人的進步，而被讚美為「聰明」的小組中的學生失敗經歷給他們造成巨大的挫敗，他們的成績明顯退步。

卡羅爾·德維克指出，堅信自己擁有強大的心理潛能，並勇於挖掘，會激發頑強的意志力，使精力更旺盛，心理更有「韌勁」，從而可以更冷靜地面對偏見、傷害和挫折，最終一步步贏得成功。

心靈雞湯

深窺自己的心，而後發覺一切的奇蹟在你自己。

——培根

讓思考成為一種習慣

思考是智慧的動力與源泉，學會思考是走向成功的一個基本條件。思考是提升的階梯，思考會讓大局瞭然於胸，思考讓你對事情有著「一覽眾山小」的感受。巴爾扎克說，問號是開啟任何一門學問的鑰匙。思考，是我們探究、創新的工具，是我們人類進步的動力。

愛問為什麼的發明家

小時候的愛迪生很愛發問，常常問一些奇怪的問題讓人覺得很煩，家人也好，路上的行人也好，都是他發問的對象，如果他對於大人的答覆感到不滿意時就會親自去實驗。

八歲的時候愛迪生去上小學了，可是他只上三個月的課就退學了。愛迪生在上課的時候，媽媽常被叫到學校跟老師談話，這是因為他常常提出一些老師認為很奇怪的問題，老師認為他是一個低能兒童，於是媽媽就決定自己來教育愛迪生，並決心把愛迪生教育好。

當她發現愛迪生好奇心重，對物理、化學特別感興趣時，就給他買了有關物理、化學實驗的書。愛迪生照著書本，獨自做起實驗來。愛迪生在地下

室裡設置一個實驗室，為了不讓別人亂動他的實驗用品，他還想出妙計，就是在每一個實驗用品的瓶子上貼上毒藥的標籤。

正是愛迪生從小就對很多事物感到好奇，喜歡思考，而且思考問題後還會親自去試驗一下，直到明白了其中的道理為止。長大以後，他根據自己的興趣和思考習慣，一心一意做研究和發明工作。他在新澤西州建立了愛迪生發明工廠，一生共發明了電燈、電報機、留聲機、電影機、磁力析礦機、礦石壓碎機等總計兩千餘種東西。愛迪生強烈的研究精神，他對改進人類的生活方式，作出了重大的貢獻。

心理透視

應該說，愛迪生的每一項發明都是和他的好奇心緊緊相聯的。他發明了電報、電燈之後，又開始搞電話實驗。隨之，一個「會說話的機器」做成了。人們聽到這個消息，都紛紛前來觀看，並稱他為「最偉大的發明家」。所以，好奇心是一個人取得成功、展示智慧的先決條件。

不僅著名的科學家需要好奇心，我們平時學習知識，想有所成就都離不開好奇心。1991年7月，《光明日報》、科技部曾對全國青少年科技小發明比賽中獲獎的118名中學生進行了問卷調查，在「您的主要心理特徵」一欄裡，92%的同學寫的是「好奇心強」。湖南零陵地區道縣一中的少年何驥，有一天到雞棚撿蛋的時候，禁不住好奇地想道：雞蛋為什麼一頭大一頭小呢？是大頭先出母體還是小頭先出母體呢？為了弄清這個問題，他每天一放學就立刻趕回家，蹲在雞棚旁靜靜地觀察，有時甚至都忘了吃飯。兩個多月以後，何驥終於發現：雞蛋是大頭先出母體。為此，他寫了論文，得到許多生物學家的稱讚。他的發現，居然是鳥類文獻中還沒有記載過的新發現。

成才需要好奇心，但是有了好奇心並不意味著就一定能夠成才。想有所成就，還需要付出艱苦的努力。好奇心就好比一粒種子，沒有種子就長不出參天大樹，正如沒有好奇心的人不可能有所發明、有所創造。種子播種在黑土裡以後，經過人們的澆灌、培育，會逐漸地破土而出，由小苗長成棟樑。

愛迪生曾為了找到一根合適的燈絲，記了幾尺高的筆記，做了幾千個實驗。正因為愛迪生的好奇心有了勤奮和汗水的澆灌，才有了「發明大王」的稱號。

當代著名物理學家李政道博士說：「好奇心很重要，要搞科學離不開好奇。道理很簡單，只有好奇才能提出問題。提出問題是解決問題的第一步，可怕的是邁不出第一步。」正因為好奇心如此重要，所以，許多人都把好奇心稱為成功者的第一美德。對於一個有志成才、渴望成功的少年來說，好奇心是最珍貴的。

生活魔方

親愛的男孩們，你們現在正是處於一個成長的黃金年齡，不單單是長身體的黃金年齡，更是心智成形的關鍵時期。從上面的故事裡，我們對愛迪生欽佩不已，也非常想成為眼光獨特的人。在學習與生活中，我們也能瞭解到一些非常有智慧的人，散發著令人欽佩的魅力。這些魅力無不是他們愛思考所結下的果實。養成思考的習慣會給我們帶來很多益處，會使得我們變得更智慧。那麼，怎麼樣才能養成一種思考的好習慣呢？

充滿興趣

「興趣是最好的老師。」一個人一旦對某個事物有了濃厚的興趣，就會主動去求知、去探索、去實踐，並在求知、探索、實踐中產生愉快的情緒和體驗。著名科學家達爾文，因一次考察，對某島上動物外形的異樣產生興趣。也許我們會奇怪一陣子後，就逐漸淡忘，但達爾文卻不罷休，進行了更深一層的研究，用了22年時間寫成了《物種起源》一書，提出了進化論。推翻了多年以來「世界上的一切生物都是上帝創造的」這個亙古不變的說法。興趣成為他鍥而不捨地進行探索和研究的動力。這正驗證了孔老夫子的一句話：「知之者不如好之者，好之者不如樂之者。」

學會觀察

人類長著一雙明亮的大眼睛，它除了讓你看到這個世界有多麼美，而且需要你用它去認真觀察身邊的一切，從中有所收穫。觀察是一個人認識事物的重要途徑，是認識世界的窗戶，是思維的觸角。千百年來，很多偉大的科

學家都具有善於觀察的天性，從生活中不斷發現問題、不斷探索，最終把「？」拉直變成「！」，發現真理。「最有希望成功的人，不是那些才華橫溢的人，而是那些善於觀察走在自己前面的人。」這是蘇格拉底的一句名言，富有哲理，揭示了成功的一條基本規律。

多問為什麼

很多東西我們經常看到、經常聽到，就會習以為常，忘了多問幾個「為什麼」。蘋果從樹上落下了幾千年，碰到了牛頓就顯得那麼與眾不同：為什麼是往下落而不是往上飛呢？也許你的「為什麼」看似非常「荒謬」，但是其中也許就隱藏著很多的奧祕呢！

勇於創新

親愛的男孩們，你們是新時代的寵兒，你們是最有個性的一代。要勇於解放思想，要敢於打破常規。不要被過多的舊觀念所束縛，只有不斷地解放思想，才能有無盡的創新能力。這個社會是需要創新人才的，只有不斷地創新才能走在時代的最前列。

敢於探索

思考本身就是一種探索活動。培養自己的探索精神就是要保持自己的好奇心，具有「打破沙鍋問到底」的勁頭。青少年對這個世界是充滿了好奇的，而現存的教育制度中有些弊端是限制學生們好奇心發展的。勇於探索，往往在通向最終目標的過程中會有很多新的收穫。

心理驛站

「中文房間」最早由美國哲學家 John Searle 於 20 世紀 80 年代初提出。這個實驗要求你想像一位只說英語的人身處一個房間之中，這間房除了門上有一個小窗口以外，其他都是封閉的。他隨身帶著一本寫有中文翻譯程序的書。房間裡還有足夠的稿紙、鉛筆和櫥櫃。寫著中文的紙片通過小窗口被送入房間中。根據 Searle 的理論，房間中的人可以使用他的書來翻譯這些文字

並用中文回覆。雖然他完全不會中文，Searle 認為透過這個過程，房間裡的人可以讓任何房間外的人以為他會說流利的中文。

解讀：Searle 創造了「中文房間」思想實驗來反駁電腦和其他人工智慧能夠真正思考的觀點。房間裡的人不會說中文，他不能夠用中文思考。但因為他擁有某些特定的工具，他甚至可以讓以中文為母語的人以為他能流利地說中文。根據 Searle 的理論，電腦就是這樣工作的。它們無法真正地理解接收到的資訊，但它們可以運行一個程序，處理資訊，然後給出一個智慧的印象。

心靈雞湯

優秀的學生不在於優秀的學習成績，而在於優秀的思考方式。

——楊振寧

宰相肚裡能撐船

寬容是一種胸襟，寬容是一種氣量，寬容也是一種智慧。寬容別人也是對自己的寬容，對別人寬容就會給自己多一點空間。寬容是忘卻煩惱的一劑良藥，是開始一段新友誼的一次揚帆。多一些朋友真誠的關懷和幫扶，生活的路上才不會孤獨和寂寞。寬容是維繫我們人類社會這台大機器正常運轉的萬能潤滑油，寬容也是我們人類社會發展的助推器。

將相和

戰國時期，秦國最為強大，因此常常恃強凌弱。趙國就是秦國常常欺負的對象。趙國有個大臣藺相如，足智多謀、反應機敏。透過「完璧歸趙」「澠池會」，藺相如讓趙國掙足了面子，也保證了國家利益沒有受到損害。趙王看到藺相如為趙國和自己做了這麼大的貢獻，就封他為「上卿」。

帥氣男孩修煉手冊
第二篇 智慧男孩，酣暢人生

　　趙國還有一位驍勇善戰的大將軍——廉頗，他征戰沙場多年，立下了許多汗馬功勞。趙王這麼看重藺相如，可氣壞了廉頗。他想：我為趙國拚命打仗，功勞難道不如藺相如嗎？藺相如光憑一張嘴，有什麼了不起的本領，地位倒比我還高！他越想越不服氣，怒氣衝衝地說：「我要是碰著藺相如，要當面給他點兒難堪，看他能把我怎麼樣！」廉頗的這些話傳到了藺相如耳朵裡。藺相如立刻吩咐他手下的人，叫他們以後碰著廉頗手下的人，千萬要讓著點兒，不要和他們爭吵。他自己坐車出門，只要聽說廉頗從前面來了，就叫馬車伕把車子趕到小巷子裡，等廉頗過去了再走。

　　廉頗手下的人，看見上卿這麼讓著自己的主人，更加得意忘形了，見了藺相如手下的人，就嘲笑他們。藺相如手下的人受不了這個氣，就跟藺相如說：「您的地位比廉將軍高，他罵您，您反而躲著他、讓著他，他越發不把您放在眼裡啦！這麼下去，我們可受不了。」

　　藺相如心平氣和地問他們：「廉將軍跟秦王相比，哪一個厲害呢？」大夥兒說：「那當然是秦王厲害。」藺相如說：「對呀！我見了秦王都不怕，難道還怕廉將軍嗎？要知道，秦國現在不敢來打趙國，就是因為國內文官武將一條心。我們兩人好比是兩隻老虎，兩隻老虎要是打起架來，不免有一隻要受傷，甚至死掉，這就給秦國造成了進攻趙國的好機會。你們想想，國家的事兒要緊，還是私人的面子要緊？」

　　藺相如手下的人聽了這一番話，非常感動，以後看見廉頗手下的人，都小心謹慎，總是讓著他們。藺相如的這番話，後來傳到了廉頗的耳朵裡。廉頗慚愧極了。他脫掉一隻袖子，露著肩膀，背了一根荊條，直奔藺相如家。

藺相如連忙出來迎接廉頗。廉頗對著藺相如跪了下來，雙手捧著荊條，請藺相如鞭打自己。藺相如把荊條扔在地上，急忙用雙手扶起廉頗，給他穿好衣服，拉著他的手請他坐下。

藺相如和廉頗從此成了很要好的朋友。這兩個人一文一武，同心協力為國家辦事，為趙國的發展和安全提供了最堅實的保障，秦國因此更不敢欺侮趙國了。

心理透視

廉頗、藺相如「將相和」的故事，流傳了千年。正是藺相如心胸寬廣，以大局為重，才造就了這段流傳了千年的佳話。藺相如寬廣的胸襟不但感動了老將軍廉頗，使他改變了以往對自己的敵對態度，更為主要的是，他們兩個人的和好為趙國的安穩提供了保障。如果朝內的兩名大臣終日你爭我鬥，一定會給趙國帶來很大的影響，也會被其他國家利用從而入侵趙國。

親愛的男孩們，在我們的現實生活中是不是也需要有這樣寬廣的胸懷呢？大千世界中，存在形形色色的人。世界就是這麼豐富，我們就是要以一顆寬闊、包容的心去接受這一切，而不能用自己帶有偏見的眼光去給一個人定性。

以上是從廣義的角度出發來談寬容的重要性，而具體到我們青少年身上也是同樣的道理。或許，我們的年齡還沒有那麼大，理解事物還沒有成年人那麼複雜；或許，我們的主要時間在學校裡，我們的人際交往圈子還沒有那麼豐富多樣。但是，道理是相通的。作為一個獨立的個體，每個人都有每個人習慣了的行為方式，或許他們的方式在你眼中是不能理解的，但請不要因此嫌棄他們；或許，身邊的人沒有周全地考慮到你的感受，說了、做了傷害到你的事情，請熄滅你心中的怒火，抹去你眼中的敵意，以寬容的心給他們一個微笑。

「二戰」結束後不久，在一次大選中，邱吉爾落選了。他是個名揚四海的政治家，落選是件極狼狽的事，但他卻很坦然。當時，他正在自家的游泳池裡游泳，祕書氣喘噓噓地跑了來告訴他：「不好！邱吉爾先生，您落選了！」

邱吉爾卻爽然一笑說：「好極了！這說明我們勝利了！我們追求的就是民主，民主勝利了，難道不值得慶賀？」

落選不僅沒能打敗邱吉爾，反而因邱吉爾表現出的寬容讓他的人格魅力加分。寬容的人，總是散發著獨特的人格魅力，是智慧的體現。寬容，忘掉過去的恩怨，原諒別人的過失，給自己一次體現魅力的時機，也賜予別人一次改過的機會。唐太宗李世民在玄武門之變後，擒獲了給李建成獻策早日下手除掉自己的魏徵。李世民非但沒有報往日之仇，反而對魏徵委以重用。這是何等的胸襟？正是唐太宗寬容對待諫臣魏徵，給了魏徵一次為李家天下奉獻的機會。

寬容，是忘掉煩惱的一劑良藥。在苦苦思索、精心算計如何打擊報復的時候，你是最痛苦的。在陷入「冤冤相報何時了？」這個惡性循環之前，我們何不使用最明智的方式來解決這個問題呢？原諒他的過失，即使他曾經是有心傷害你。讓我們以微笑來開始下次的重新相遇，一個正常的人誰不會欽佩「以德報怨」的人呢？

生活魔方

寬容是一種美德，寬容也是一種修養，是我們青少年走向未來必備的一種素質。寬容是交往和溝通的潤滑劑，它讓處於僵化的關係重新運轉起來；寬容又是一條紐帶，它讓正在彼此疏遠的兩個人又感受到了親密。有著寬闊胸襟的人，能夠擁有更多的朋友，獲得更多的快樂。那麼寬容是怎麼煉成的呢？

培養自己的氣度

一個大度的人，在人們面前總是給人以非凡的氣勢，給人一種豪爽和豁然開朗的氣息，自我本身就有著極強的凝聚力。反之，一個沒有氣度的人，事事計較，睚眥必報。他們遇事愛較真、生氣，不光給自己帶來煩惱，還把煩惱傳染給了身邊的人，可謂損人不利己。

多為別人著想

人人都需要別人的理解，人人也需要去理解別人。當你為一件事情煩惱不止的時候，你可以站在當事人的角度去考慮一下。當你設身處地地從別人的角度考慮，你就能理解他們的動機、他們行為的出發點，或許你就能夠明白對方之所以這麼做的原因了。換位思考，往往是消除誤解的一個好方法。

嚴於律己，寬以待人

這是中華民族的傳統美德，也是我們為人處世的一個原則。對我們青少年來說，在與人交往中要嚴格要求自己。要求自己禮貌待人，處處為人著想，尊重別人。而同時，看待別人的行為要大度一些，我們不可苛求別人的行為方式一定符合自己的胃口，要對別人的行為以包容之心接受之。如果別人犯了錯誤，我們要給他改過的機會。不能夠抓住把柄而拒人於千里之外。學會原諒別人的錯誤，給別人一次機會，更是給自己一次機會。寬容失去的只是過去，而刻薄失去的卻是將來。寬恕，是我們打開朋友心扉的鑰匙，它將會是我們幸福和快樂的一個重新開始。

心理驛站

心理學者科伊爾等人採用心理學實驗來考察寬容與心理健康的關係。他選取了10名男性。這10名男性都有過一段相同的痛苦遭遇，即因為妻子的決定而受到了傷害。科伊爾把這10名男性隨機地分成兩組：一組是實驗組，一組是對照組。實驗過程是先給實驗組的被試進行寬容干預。這一組的5個人要依次接受12週，每週90分鐘的單獨干預。在干預開始前，對這5個人的寬恕狀態、憤怒狀態、焦慮和悲傷狀態做了測量，在干預接受後，再次對這些指標進行測量。前後兩次的測量結果差異，就能顯示出寬容干預的作用。而對照組的那5個男性在實驗組的被試接受完干預後，也要接受和實驗組一樣的寬容干預。同時，也在干預前和干預後對他們的寬恕狀態、憤怒狀態、焦慮和悲傷做了測量。透過兩組被試在接受寬容干預前後的結果比對，以及實驗組與對照組的結果比對，發現寬容對人心理健康有很大的影響作用。

心靈雞湯

寬容就像天上的細雨滋潤著大地。它賜福於寬容的人，也賜福於被寬容的人。

——莎士比亞

▎尊重是個通行證

尊重是一股春風，給人以溫暖舒心的感覺，能使心花在這股春風撫慰下慢慢開放；尊重是一座燈塔，給人以光明，友誼之路在尊重的指引下安全前行；尊重是一種修養，對所有人平等相待，不卑不亢、不俯不仰。尊重常常與真誠、謙虛、寬容、善良同行，對虛偽、狂妄、勢利有著最猛烈的嫌棄。

尊重「不起眼」得人

這是一個發生在美國的真實故事：有一天，巨象集團花園的長椅上坐著一對母子。小孩子似乎是犯了錯誤，被坐在旁邊的媽媽訓斥。孩子被訓哭了，媽媽拿出紙巾幫兒子擦眼淚。或許是媽媽的話說得太重了，或許是孩子有太多的委屈，孩子一直在哭。媽媽擦了好幾張紙巾，並開始安撫兒子。但是兒子似乎沒有停下來的趨勢。媽媽把用過的紙巾隨意地扔到了旁邊的灌木叢裡，又從包裡抽出幾張紙巾。在旁邊修剪花草的老人，看到孩子的母親扔到灌木上的廢紙，他撿了起來放到旁邊的垃圾桶裡，又繼續修剪他的花草去了。小孩子越哭越傷心，媽媽抱著兒子的頭安慰他。小孩子的淚水真是多，媽媽擦了好幾次，紙巾也用了好幾張。媽媽把用完的紙巾又隨意扔到了灌木叢上，修剪花草的老人又沒說什麼幫他撿了起來。

如此這樣好幾次，老人開口說話了：「尊敬的女士，您可不可以把您用過的紙巾扔到旁邊的垃圾桶裡？」

中年女子抬頭看了一眼老人，又低下頭教育兒子：「看到沒有，如果你現在不好好讀書，將來會和他一樣沒出息，只能做這些卑微、低賤的工作！」

老人聽見後放下剪刀走過來，和顏悅色地對中年女人說：「尊敬的女士，這裡是集團的私家花園，按規定只有集團的員工才能進來。」

「那當然，我是這個公司的員工，就在這座大廈裡工作！」中年女人高傲地說道，同時掏出證件朝老人晃了晃。

「我能借您的手機一用嗎？」老人沉默了一會兒說。

婦人不情願地把自己的手機遞給老人，一邊仍不忘藉機教導兒子：「你瞧這些窮人，都這麼大年紀了，連個手機也沒有，你今後可要長出息喲！」

老人打完一個電話後將手機還給婦人，不一會兒，一個人匆匆走過來，拱手站在老人面前。老人對他說：「我現在提議免去這位女士在『巨象集團』的職務！」

「是，我馬上按您吩咐的去辦！」那人連聲應道。

婦人大吃一驚，她認識來的這個人，正是「巨象集團」人力資源部的高層人員。「你……你怎麼會對這個老園丁那麼畢恭畢敬呢？」她驚詫萬分，拉住他的手問道。

「什麼老園丁？他是集團總裁詹姆斯先生！」

婦人頹然坐到椅子上。

老人走過來撫摸著那男孩的頭，說：「我希望你明白，在這世界上最重要的是要學會尊重每一個人……」

心理透視

中年婦女由於她的粗魯無禮得到了應有的懲罰，我想她以後或許再也不會隨意無禮地對待別人了，總裁詹姆斯先生給了她一個大大的教訓。尊重別人是社會交往中最基本的禮節，是一個人教養最直接的體現，是決定交往效果的一個首要因素。

尊重是一種態度，在交往中透過你的神態、語言、姿勢都能清晰地傳達給別人。一個人在與另一個人交往中足夠尊重對方的話，就會對談話對象很

熱情，臉部表情愉快、語言輕鬆活潑、反應積極，往往一個人的尊重會得到另外一個人的尊重。如果對方不尊重人的話，冷淡、反應不積極、一副拒人於千里之外的姿態，這種氛圍下很難開展友好的往來。在人際交往中，尊重是保持良好人際關係的一項基本原則。

著名心理學家馬斯洛在其著名的「需要層次理論」中講到，人類的需要分為生理需要、安全需要、情感和歸屬的需要、尊重的需要和自我實現的需要，依次由較低層次到較高層次。尊重的需要是人類需要中層次比較高的需要。在尊重的需要這個層次中包括了自我尊重的需要、信心需要、成就需要、對他人尊重的需要和被他人尊重的需要。

尊重是人類的一種內在需要，是一種精神性的高級需要，是人的社會性意識的基本體現。因此，這種需要就不是有些人有而有些人沒有的，而是人人都有的一種需要，具有客觀的普遍性。

不管年齡大小，不論地位高低，每個人都希望別人尊重自己，而不喜歡和那些挖苦自己、嘲笑自己、否定自己的人在一起，更不要說交往了。在生活中，我們發現，在人際交往中如果能以互相尊重的態度開始，那麼往往就能營造一種很友好的氣氛，在交往的過程中，始終互相尊重，雙方都會產生喜歡、愉悅、親近的心理體驗，彼此都有一種被接受感，這樣的交往會更加深入地進行下去。如果一方有不尊重的行為出現，往往會導致對方產生不喜歡、不愉悅、疏遠，甚至厭惡的心理傾向，並且會做出不尊重的行為反應。尊重，在交往中具有相互性。你尊重對方，對方就會「投之以桃，報之以李」；你若不尊重對方，對方也會「以其人之道還治其人之身」。

生活魔方

尊重是人類共有的一種精神需求，是人際交往中一個重要的先決條件。同時，尊重別人還是一種修養的體現，是給自己增加魅力的一項指標。學會尊重，是青少年成長過程中必不可少的任務。那麼，怎麼才能學會尊重呢？

學會尊重自己

學會尊重，首先要學會尊重自己。自尊對於一個人保持健康人格有重要的意義。在自己尊重自己的過程中，體驗到了自己的人格、能力、習慣、外貌等方面是需要尊重的。在受到尊重的時候，感到被肯定，心情愉悅，對自己更加有信心；而受到嘲諷、歧視的時候心情是憤怒失落的。感受到了被尊重與不被尊重不同的心理體驗，知曉了被尊重的重要性，在與他人交往中才能更好地處理自尊與尊重別人。

學會真誠相待

以真誠的態度對待他人，讓人真實地體會到你的尊重，使你的尊重顯得真真實實。在交往中不懷有其他的功利目的，不應該抱有接近他人為了獲得某些利益的圖謀。不純潔的交往目的勢必會使得交往不夠坦誠、不夠愉悅，關係的維持時間也不會太長久，甚至會讓他人厭棄。

學會謙虛

尊重他人要懂得謙虛。不管是在任何一個國度、任何一種文化形態中，在別人面前趾高氣昂，對自己大肆吹噓的人都會令人生厭。謙虛使尊重變得深入，使得交往對像在心理上處於一種舒服的狀態。謙虛，不是有意隱瞞自己的成就，謙虛反而使人看起來更有魅力、更有廣闊的見識與心胸。學會謙虛，不故作高傲，讓人更有親近感。

尊重差異

人與人之間，年齡、性別、民族、國度等都會使人具有不同的特點。學會尊重，就要學會尊重這些差異。切莫以自己的「標準」來取笑別人與自己不同的地方。學會尊重別人的差異，是有教養的一個標準，學會尊重差異，是開闊心胸的開始。

心理驛站

在美國，一個頗有名望的富商在路邊散步時，遇到一個衣衫襤褸、骨瘦如柴的年輕人，在路邊擺地攤賣些舊書。年輕人在寒風中啃著發霉的麵包。

有著同樣苦難經歷的富商看到這一場景頓生一股憐憫之情，便不假思索地將8美元塞到年輕人的手中，然後頭也不回地走開了。沒走多遠，富商忽然覺得這樣做不妥。於是連忙返回來，從地攤上撿了兩本舊書，並抱歉地解釋說自己忘了取書，希望年輕人不要介意。最後，富商鄭重其事地告訴年輕人說：「其實，您和我一樣也是商人。」

兩年之後，富商應邀參加一個商賈雲集的慈善募捐會時，一位西裝革履的年輕書商迎了上來，緊握著他的手不無感激地說：「先生，您可能早忘記我了，但我永遠也不會忘記您。我曾一直認為我這一生只有擺攤乞討的命運，直到您親口對我說，我和您一樣都是商人，這才使我樹立了自尊和自信，從而創造了今天的業績……」富商萬萬也沒有想到，兩年前一句普通的話竟能使一個自卑的人樹立了自尊心，一個窮困潦倒的人找回了自信心，一個自以為一無是處的人看到了自己的優勢和價值，終於透過自強不息的努力獲得了成功。富商的尊重喚醒了年輕人的自信，使他走出心理困境，透過不斷地奮鬥最終獲得了成功。

心靈雞湯

人與人之間需要一種平衡，就像大自然需要平衡一樣。不尊重別人感情的人，最終只會引起別人的討厭和憎恨。

——戴爾·卡內基

樂觀點亮心房

樂觀是心靈獲得快樂的源泉，擁有樂觀的心態，總是能夠從生活中找到快樂的種子；樂觀是應對失敗、挫折的鋼盔鐵甲，是在經歷挫折後繼續前進的動力支持；樂觀是一種睿智的生活智慧，擁有樂觀的心態總是能夠睿智地應對生活中的問題；樂觀是對自己最大的恩賜，讓自己快快樂樂地生活，是自己對自己最好的呵護。

堅強樂觀的麥吉

麥吉剛從耶魯大學戲劇學院畢業的時候只有22歲，風華正茂的他準備好好地施展才華。然而命運卻捉弄了這個對未來充滿了憧憬的年輕人。在畢業那年的一個晚上，一輛18噸重的車把他撞暈在地，當他醒來的時候發現自己躺在醫院的病床上，自己的小腿已經被鋸下來了。

這是多麼沉重的打擊啊！但是麥吉並沒有放棄希望，而是積極地恢復身體。他想，既然我不能再從事我理想的演藝事業，那麼我再重新尋找其他的事業吧。麥吉決定要成為一名殘疾運動員。

麥吉出院後不久就開始練習跑步。麥吉為自己的理想而不懈地努力著，他參加10公里賽跑，並把參加這種賽事作為鍛鍊自己的機會。隨後他又參加馬拉松比賽，成績打破了傷殘人士組記錄，他成為了全世界跑得最快的獨腿長跑運動員。這對於麥吉來講，是一個偉大的勝利，但是他並沒有就此停止繼續前進的腳步，他開始進軍三項全能。那是一項極其艱難的運動，這對只有一條腿的麥吉來說，無疑是一個巨大的挑戰。

然而，不幸再一次降臨到他的身上。一天下午，麥吉在美國南加州的三項全能運動比賽中，騎著自行車以56公里的時速疾馳。突然，麥吉聽到群眾的尖叫聲。他警覺地扭過頭，只見一輛黑色小貨車朝他直衝過來，根本不容他反應過來，就被車撞到了一根電燈柱上，頸椎「啪」的一聲折斷了。

麥吉接受緊急脊椎手術醒來後，發現自己躺在了重傷病床上，一動也不能動。麥吉四肢癱瘓了，那時他才30歲。麥吉的四肢都因頸椎折斷而失去功能，但仍保存少量神經活動，使他能稍微動一動——手臂能抬起一點點，坐在輪椅上身體可以前傾，雙手能做一些簡單動作，雙腿有時能抬起兩三公分。

當別人為麥吉的遭遇傷心難過的時候，麥吉卻笑了，因為他覺得，自己能活下來已經是上帝的恩賜了。現在，他的四肢尚有感覺，這意味著他有獨立生活的可能，無需24小時受人照顧。經過艱苦鍛鍊，麥吉逐漸能自己洗澡、穿衣服、吃飯，甚至還能駕駛經過特別改裝的車子。

麥吉積極進行恢復訓練，並配合醫生的治療。在 6 個月後，他又一次出現在了三項全能運動員大會上，以《堅忍不拔和人類精神力量》為題，發表了一篇激動人心的演說。

心理透視

麥吉經歷了多少困難啊，但麥吉的心態卻是多麼的樂觀啊！讀完麥吉的故事，親愛的男孩們，我不想給你們說「麥吉作為一名殘疾人都如此樂觀，更何況我們健全人呢」這樣一句俗套的話。讓我們雙手合十來為有麥吉這樣經歷的人祈禱吧！在麥吉身上，我們看到了人類面對命運的災難時那種堅強不屈的鬥志，看到了麥吉的樂觀精神照亮了原本黯淡的前程。

生活中，我們或許不會遇到如麥吉這樣悲慘的遭遇，當然我們更不願意有這樣的遭遇。但是「人生之事，不如意十之八九」，工作學習中也會遇到這樣的挫折、那樣的失敗。這些都是生活的一部分，這是我們不能改變的，但是我們能改變的是我們的心態。我們可以悲觀地看待這一切，也可以樂觀地看待這一切。不同的心態總是會帶來不同的人生體驗，正如一位哲學家所說：生活像鏡子，你笑它也笑，你哭它也哭。當我們以悲觀、消極的心態來看待生活時，世界就會到處被黑暗所籠罩；當我們以樂觀、積極的心態來對待世界時，我們便能處處感受陽光，時時都是驚喜。

樂觀，是一種心態，也是一種素質，更是一種智慧。樂觀的心態，是一種積極向上的性格。樂觀讓人在任何條件下都能保持希望，看到事情積極的一面，深信成功會是事情發展的最終結果。讓我們看看身邊的人，回顧一下歷史上的人物，那些在生命中保持樂觀心態的人都是得到快樂最多的人，他們是在困難面前不肯低頭的人，他們是最終獲得成功最多的人。好情緒、壞情緒，總是在一念之間，全由我們自己決定。智慧的人總是選擇以樂觀的心態對待生活，這樣會得到很多；而悲觀只會讓我們感到消沉和不愉快。

《洛杉磯時報》曾針對樂觀的力量進行了具體的分析，經研究和調查發現：樂觀主義者無論是在工作上、學校裡，或是體育中的表現，都比悲觀主義者表現得更為出色。樂觀主義者不容易沮喪，能達成更多的目標；發生意

外與暴力傾向的幾率相對較低；更願意去解決自己的問題；對壓力的承受力較好，而且身體的抗痛能力也比較強；平均壽命比悲觀主義者長。悲觀主義者則更喜歡逃避問題。

可見，樂觀的心態與幸福感、成就、健康是分不開的，這就是樂觀的力量。也就是說，我們對生活的看法會影響我們生活的質量和進程，只要我們養成樂觀的習慣，生活就會變得美好。

生活魔方

有人說：樂觀的精神是心中的一盞明燈。樂觀的人對於生活充滿了熱情和希望，生活中大部分時間是快快樂樂的，生活質量很高。而那些悲觀的人，總是對生活提不起興趣、總是憂憂鬱鬱的，生活質量不高。在心理透視的部分裡我們已經分析過了，樂觀的心態對人的身體健康、心理健康都有巨大的影響。因此，擁有樂觀的心態是生活快樂的一個保障，那麼，怎麼才能使自己成為一個樂觀的人呢？

總要看到生活中光明的一面

生活如一枚硬幣，總是有不同的兩面。當你總是盯著生活中悲觀、傷心的一面時，你是感受不到生活的美麗的。就如麥吉在被鋸掉小腿之後，他並沒有只想到失去小腿的痛苦，他看到了他還可以成為一名殘疾人運動員。因此，如果你不想整天憂憂鬱鬱的，那麼多想想生活中光明的一面吧。

摒棄自卑，優秀是長期積累的

自信的人總是對生活充滿了希望，也顯得很樂觀。因此，自信是樂觀的至高境界。生活中自卑的人總是對自己不滿意、對自己失去期望，因此，對自己的生活也是感到前景慘淡。自卑是快樂的殺手，把自卑轉化為奮鬥、上進的動力，才能逐步實現自信。

把困難和挫折看成一種磨煉

生活之路是充滿坎坷的，對於我們正在成長的青少年更是如此。在成長中，心智還沒有達到成熟，還未達到完全適應社會的程度。常常會遇到來自

生活、學習、人際交往中的種種挫敗。但是，不能讓失敗和挫折給我們的生活蒙上灰色的色彩，我們應該明知，年輕人多經歷一些磨難才能在未來之路更堅強、少走彎路。

培養積極的心態

心態是可以塑造的，擁有樂觀積極的心態是智慧的。要明白一個道理：完美是理想，不完美是生活。敢於面對生活的現實，勇於並且用積極的心態來看世界。遇事用積極的心態來暗示自己，帶著希望前進的人總是「昂首闊步、大步向前」，悲觀的人總是「畏畏縮縮、不敢向前」。

心理驛站

在1988年韓國漢城（現首爾）奧運會上，美國游泳選手馬特‧比昂迪被普遍看好能奪取七面金牌，再現馬克‧史必茲16年前的輝煌。但是在他參加了頭兩項賽事表現令人失望後，大多數評論家都認為他的優勢已經不復存在了。

馬丁‧賽里格曼則不以為然。他是一位心理學家，曾根據自己進行的一項具有先鋒意義的研究寫了《樂觀主義是學來的》一書。他曾經主持過對比昂迪的心理測試，測試結果顯示比昂迪具有超常的積極、樂觀態度。賽立曼預測說，前兩項的失利非但不會降低他奪取金牌的機會，反而會激起他的鬥志，令他有更上乘的表現。比昂迪確實沒有讓賽立曼失望，他果然抖擻精神，一氣奪下了後五面金牌，同樣創造了奇蹟。

心靈雞湯

快樂不在於事情，而在於我們自己。

——理察‧華格納

一個好漢三個幫

朋友是給自己講最好玩笑話的那個調皮鬼；朋友是與我們共同分享快樂與煩惱的那個不離不棄的忠誠人；朋友是在我們遇到困難時始終站在身邊的

戰友;朋友是我們共同商量對策對付老師懲罰的智慧人;朋友是知曉我們糗事而又幫我們保守祕密,時不時拿出來「要挾」的「壞人」……沒有朋友,我們便如同孤立於山頂的一棵樹,沒有其他植物的陪護,即使根深蒂固、枝繁葉茂,當暴風雨來臨時,我們這棵孤立的樹也會被吹倒。

馬克思和恩格斯

馬克思和恩格斯在政治風浪中團結戰鬥,在科學研究中相互切磋,在人生坎坷的道路上彼此激勵,共同奮戰了 40 個春秋。他們各自都為自己有志同道合的戰友而自豪。恩格斯說:「馬克思是和我相交 40 年的最好的、最親密的朋友,他給我的教益是無法用語言表達的。」馬克思說:「我們之間存在的友誼是何等的珍貴!」恩格斯為了使馬克思有可能從事革命活動和理論研究,心甘情願作出犧牲,從事自己最不願幹的「該死的生意」,用掙來的錢負擔馬克思一家的生活。

歐洲 1848 年革命失敗後,馬克思住在倫敦,恩格斯住在曼徹斯特,他們兩人雖然不能「一起生活、一起工作、一起歡笑」,但卻保持著密切的書信聯繫。他們幾乎天天都要通信,只要一方回信稍慢一點,另一方就會感到不安。有一次,恩格斯隔了幾天沒有寫信,馬克思就寫信風趣地問他:「親愛的恩格斯!你在哭泣還是在歡笑?你睡著了還是醒著?」既是問候,又是關切。他們的這種友誼是前無古人的。

1863 年，恩格斯的妻子瑪麗·白恩士因心臟病突然去世。恩格斯以十分悲痛的心情將這件事寫信告訴馬克思。第二天，馬克思從倫敦給曼徹斯特的恩格斯回信。信中對瑪麗的噩耗只說了一句平淡的慰問語，卻不合時宜地訴說了一大堆自己的困境：肉商、麵包商即將停止賒帳給他，房租和孩子的學費又逼得他喘不過氣來，孩子上街沒有鞋子和衣服，「一句話，魔鬼找上門了……」生活的困境折磨著馬克思，使他忘卻了、忽略了對朋友不幸的關切。正在極度悲痛中的恩格斯，收到這封信，不禁有點生氣了。從前，兩位摯友之間常常隔一兩天就通信一次，這次，一直隔了五天，恩格斯才給馬克思回信。

　　波折既已發生，友誼經歷著考驗。這時，馬克思並沒有為自己辯護，而是作了認真的自我批評。馬克思寫信給恩格斯說：「從我這方面說，給你寫那封信是個大錯，信一發出我就後悔了。然而這絕不是出於冷酷無情。我收到你的那封信時極其震驚，就像我最親近的一個人去世一樣。而給你寫信的時候，則是處於完全絕望的狀態之中。在我家裡待著房東打發來的評價員，收到了肉商的拒付期票，家裡沒有煤和食品，小燕妮臥病在床……」

　　出於對朋友的瞭解和信賴，收到這封信後，恩格斯立即原諒了馬克思，隨信還寄去一張 100 英磅的期票，以幫助馬克思度過困境。

心理透視

　　馬克思與恩格斯之間的友誼，是世界上任何友誼都沒法比的。馬克思對恩格斯的才能十分敬佩，說自己總是踏著恩格斯的腳印走。而恩格斯總是認為馬克思的才能超過自己。馬克思和恩格斯不僅在生活上互相關心、互相幫助，更重要的是他們為共產主義親密合作。《資本論》這部經典著作的寫作及出版，就是他們偉大友誼的結晶。

　　梁實秋在他的《談友誼》一文中說道：「所謂友誼實即人與人之間的一種良好的關係，其中包括瞭解、欣賞、信任、容忍、犧牲……諸多美德。如果以友誼作基礎，則其他的各種關係如父子、夫婦、兄弟之類均可圓滿地建立起來。」友誼，是人生最珍貴的感情之一。

俗語說，人生得一知己足矣。千金易得，知己難求。朋友是人的精神生活中一個重要的組成部分，沒有友誼的人，就像生活在寂寞的荒野；缺乏朋友的人，就會感到人間的孤獨。人們需要友誼，是因為真誠的友誼可以使人奮發，使人欣慰，使人快樂，使人向前。

心理學家對青少年人際交往做過很多研究，結果發現正常的人際交往對青少年的健康成長有著重要的作用。首先，青少年時期的友誼是社會支持的重要來源，即從朋友那裡得到安慰、得到幫助，能有效減輕焦慮和恐懼。其次，心理學家研究發現，青少年時期缺乏人際交往，被群體孤立往往會導致自卑感的產生。長時間缺乏正常、積極的人際交往，沒有穩定、良好的人際關係，往往會致使一個人的性格產生明顯的缺陷。在與同伴、朋友的交往中，還能逐漸學會尊重、理解、寬容、合作等一系列適應社會的基本能力。最後，人際交往還是傳遞、交換資訊的重要途徑。

在成長的道路上，每個人都難免會有缺點和不足，有時甚至會犯錯誤。這時，來自好朋友的忠告、勸誡就成了一劑良藥。它能使人清醒、覺悟，並產生幡然改進的決心和力量。而當思想上出現某種疑惑，或者關鍵時刻拿不定主意、躊躇不前的時候，聽聽好朋友的分析和意見，常常會有茅塞頓開的感覺。

朋友總是能帶給我們溫暖、支持和力量，讓我們感受生活的美好。在人生的旅途上，朋友伴我們同行，友誼照亮我們的生活之路。當我們傷心的時候，朋友能給我們依靠的肩膀。當我們正在獨自流淚的時候，朋友能讓我們心情愉快。人生在世，多麼美麗的青春年華都會像流水一樣一去不復返，唯有朋友間的真摯友誼不會枯萎，可以天長地久。

生活魔方

朋友是我們成長中不可或缺的。如果你是天使的左翅膀，你的朋友便是天使的右翅膀。你們彼此相互依存，缺少了任何一個角色，你們這些「天使」般的孩子都不能「飛翔」。親愛的男孩，我們在與人交往的時候，要注意哪些呢？

交友要有選擇性

交友要具有選擇性並不是要教會男孩們變得功利，而是讓親愛的男孩們遠離那些「問題」朋友。什麼樣的人是「問題」朋友呢？那些學校裡或者社會上不愛學習，有抽煙、喝酒惡習，喜歡打架、鬥毆，敲詐勒索、欺負弱小同學或女生的，這些「朋友」我們是應該遠離的。或許與這些人在一起，你能夠逞一時的威風，但是你會失去其他朋友，失去成為一名好學生的機會，最可怕的是耽誤自己美好的青春年華。

尊重朋友

尊重是通往真正友誼的第一通行證。尊重，很多時候就像是照鏡子。當你以熱情、真誠的態度出現在朋友這面「鏡子」面前時，這面「鏡子」往往就會以熱情、真誠的態度反射給你。獲得別人的尊重，是人類一項基本的需要。失去了尊重這個前提條件，往往同伴之間的交往就會失去保障。

學會寬容

朋友之間不但要尊重與信任，更要學會寬容。「金無足赤，人無完人」，我們的朋友都是在慢慢地成長，很多時候會在交往中犯一些錯誤，惹得我們不高興。但是我們要學會理解朋友、要學會寬容朋友。「水至清則無魚，人至察則無徒」，古人的智慧告訴我們，要學會原諒朋友及身邊人的小失誤。否則，與一個喜歡斤斤計較、動不動就生氣的朋友交往，朋友們會感到很大的壓力，身邊慢慢就會變得「無徒」了。

注重個人修養的提高

結交新朋友有時候不單單靠興趣愛好，個體的人格魅力也是吸引新朋友很重要的一個方面。而且，個人魅力的提高也是維繫老朋友關係的一條紐帶。努力學習，提高學習成績；廣泛涉獵多領域書籍，變得學識淵博；積極參加集體活動，給人以強烈責任感；多獻愛心幫助別人，讓別人感受到自己的善良；尊重、善待、寬容身邊的同學，讓自己擁有寬闊的胸懷；尊重父母和老師、孝敬長輩、愛護小同學、懂禮貌⋯⋯這些都是個人修養的表現。

心理驛站

　　心理學家加德納曾經做過一項長期調查，意圖搞清楚學習成績對一個人一生發展的影響。於是，他選擇了成績排名不同層次的學生作為他長期跟蹤調查的對象。多年以後，等調查結果出爐時，加德納感到很吃驚。調查結果顯示，原來在學校裡成績最好的學生，走入社會後並不是最成功的。而真正在社會中取得成功的人，在學校時的成績卻排在中上等。

　　針對這個出乎意料的結果，加德納展開了分析研究。在分析在校期間成績優秀者的成長經歷時發現，這些人在校期間絕大部分時間和精力都放到了學習上，不愛與同學們交往。因而，在走出校園後，孤獨的性格使得他們不能夠很好地與同事交往，表達能力與交往技巧都有欠缺。總是不能很好地融入到集體中，往往感嘆「英雄無用武之地」。反觀那些成功人士的成長歷程，他們在校期間活潑愛動，與同學們的關係很好。在與同學們交往的過程中鍛鍊了很好的社會交往技能。他們懂得尊重、寬容、合作，很容易結交到新朋友，也能夠很好地維繫與老朋友的關係。因此，在工作中能很好地處理各種關係，左右逢源，充分利用人際關係的作用。

　　從這個科學調查中我們可以發現，知識固然重要，但是在工作中需要良好的人際關係作為平台，才能將知識轉化為能力發揮出來，可見，社會中的人際交往在取得成功中的重要作用。

心靈雞湯

　　能忍受完全孤獨的人，不是獸，便是神。

──亞里士多德

帥氣男孩修煉手冊
第三篇 少年英豪，勇往直前

第三篇 少年英豪，勇往直前

敢上九天攬月，敢下五海捉鱉。勇氣，是一種克服困難，戰無不勝、攻無不克的利器；勇氣更是一種促使自己前進的動力；勇氣，還是一種智慧，是一種添加了智慧的勇敢。有勇有謀，方能成功。不懼怕困難是一種勇氣，有勇有謀地戰勝困難是一種上佳的勇氣，敢於突破自己更是一種勇氣。

愛拚才會贏

三分天注定，七分靠打拚，愛拚才會贏。愛拚的人，能夠像海燕一樣在驚濤駭浪中體會搏擊長空的快樂。拚搏是一種境界，它既沒有風花雪月的淺唱低吟，也沒有憂傷低沉的感世傷懷，它有的是衝擊終點的自我挑戰，有的是面對人生的引亢高歌。

拚搏到底

175 公尺，即使對你我來說，也許是一段容易面對的距離。但對於英國 400 公尺健將雷德蒙德來說，卻是人生漫長的一段距離。

雷德蒙德一直受著傷病的困擾，當 1992 年他來到巴塞羅那參加奧運會時，已動過 5 次手術了。曾經因為阿基里斯腱的傷，雷德蒙德退出了 1988 年的漢城奧運會。

「5 次手術，我只想要一面奧運會獎牌。」在巴塞羅那的陽光和海風中，雷德蒙德再次站在了奧運會 400 公尺起跑線上。預賽第一輪，他跑出了 45.03 秒的小組最好成績，第二輪中，他又跑出了 45.02 秒，依然是最快的一個。在半決賽到來時，雷德蒙德默默祈禱：「感謝我的父親，在任何時候他都陪在我的身邊。所以今天，我希望能夠讓他為我驕傲，保佑我進入決賽吧。」

然而，命運有時就是喜歡捉弄人，剛剛跑過 250 公尺，雷德蒙德的右腿肌肉撕裂，跌倒在跑道上。在痛苦中，他只能眼睜睜地看著其他運動員們從他身邊跑過，一個個通過終點。

這個做了 5 次手術都沒有吭一聲的英國人知道，自己的奧運獎牌夢已提前終結，淚水滑過他的面龐，滴落在他的第五跑道上。

雷德蒙德拒絕了擔架，也拒絕了醫務人員的幫忙，他從地上爬了起來，強忍著疼痛，一跳一跳地向終點靠近，他要完成這段比賽。同一時間，正在看台上觀看兒子比賽的吉姆‧雷德蒙德再也忍不住了，他衝過警衛，來到雷德蒙德面前。於是就有了奧林匹克運動史上父親與兒子之間最讓人為之動容的一段對話：

「你不必這樣，兒子。」吉姆心疼地勸兒子放棄。

「我一定要比完，我要有始有終。」看到父親出現在自己面前，德里克咬了咬牙繼續向前跳去。

　　「好吧，既然我們是一起選擇了跑步、一起開始練習的，就讓我陪你一起完成這場比賽吧。」吉姆扶著雷德蒙德的手臂，和兒子一起慢慢走向終點。而就在距離目標不遠的地方，父親放開了手，「去吧，我知道你希望獨自穿過那條線。」

　　儘管雷德蒙德是這場比賽的最後一名，但全場 65000 名觀眾看著這樣一幕感人的畫面，都自發站起來，為這位演繹著奧林匹克精神的運動員鼓掌。

　　雖然這位英國人奧運冠軍夢徹底破滅，但這並不能打敗雷德蒙德。離開賽場的他，把對體育運動的熱愛融入到新的行業和新的生活中。他積極參加了多個促進青少年體育發展的組織和活動，並成為該活動的形象代言人。他還開始涉足一些體育投資領域，如互動的體育網站、體育鍛鍊器材公司等。

　　每個人的生命都只有一次，生命是寶貴的，珍愛自己的生命就要努力活得精彩，拚搏是活出精彩自我的前提條件。拚搏精神於個人來說就像涉水時的橋、爬山時的拐杖，在艱難的時刻只有憑藉拚搏精神，才能克服困難、邁向成功。

心理透視

　　雷德蒙德說：「我曾經在跑道上度過了很多時光，體育給了我很多感悟。後來，我把這些體驗帶到生活或者工作中，它們會幫助我征服困難，讓我學會用一種積極進取的眼光看待一切。」雷德蒙德的體育生涯鍛鍊出他不服輸的拚搏精神，雖然他的奧運夢破碎了，但他的生命又有了一番新的景象。

　　每一個成功者都不是天生的，成功的根本原因在於拚搏。拚搏之於人生，如同礁石之於大海。沒有礁石，就不會有美麗的浪花；沒有拚搏，就沒有燦爛的人生。只有努力拚搏、敢於奮鬥，才能活出姿態、活出生氣、活出成就、活出自由與樂趣。反之，則阻斷了自己正常發展的路徑，鬱悶、憋屈地荒廢寶貴的生命。

拚搏的過程中難免會遭遇挫折和失敗。失敗可以使人半途而廢，但真正的強者會憑藉自己的韌性與拚搏精神，走出低谷。發展心理學家發現，許多身處逆境（父母患病、家庭破碎、經濟條件差等）的兒童沒有被逆境打倒，反而發展成為「有信心、有能力、有愛心」的人。不只當代科學研究中發現這樣的情況，在歷史人物中這樣的例子也不勝枚舉：馬克思無助過，因為懂得拚搏，他創造出偉大的馬克思主義哲學；司馬遷痛苦過，因為懂得拚搏，他著成了名垂千古的《史記》；愛迪生失敗過，因為懂得拚搏，他成為世界發明大王；貝多芬痛苦過，因為懂得拚搏，他創作了《命運交響曲》……

我們可能從不同的渠道對情商和智商有所耳聞，知道情商和智商對個人成就與生活幸福感有重要的影響。但是對於逆商你也許瞭解的並不多。逆商是心理學家最近提出的一種說法。它是指人們面對逆境時的反應方式，即面對挫折、擺脫困境和超越困難的能力。

面對逆境，如果選擇了放棄，也就是選擇了失敗。沒有什麼比半途而廢的放棄和喪失希望對未來威脅更大的了，放棄和喪失希望不僅不能解決現實存在的問題，而且還會讓我們在未來陷入更大的困境之中。美國的《成功》雜誌每年都會報導當年最偉大的東山再起者和創業者，他們的傳奇經歷中有一個相同的部分，那就是他們在遇到強大的困難和逆境時始終保持樂觀的態度，從不輕言放棄，告訴自己要拚搏下去。

逃避逆境者往往想過那種得過且過的生活，他們會說：「這就足夠了。」他們找到一些堂而皇之的藉口放棄了夢想、放棄了追求，選擇了自認為是一條較平坦、較輕鬆的人生道路。但是，隨著時間的推移，事實恰恰相反，他們將付出更大的代價，可能會遇到更大的逆境。逃避逆境者遭受的痛苦比他們勇敢地面對現實而承受的痛苦大得多。只有那些敢於面對逆境、勇敢拚搏的人，才能收穫成功。

即使生為種子，如果不敢努力地發芽、頂風冒雨地生長也依然不會有果實綴滿枝頭的燦爛；即使生為雛鷹，如果不敢揮開翅膀勇敢地搏擊長空，那麼也永遠不能領略天空的遼闊。如果你是一粒種子，那就請勇敢地發芽，不

畏風雨地成長，長成一樹金燦燦的美麗與成就；如果你是一隻雛鷹，那麼請勇敢地揮開翅膀，不要怕風雨，努力拚搏，讓自己在風雨中飛翔得更加穩健。

生活魔方

伏爾泰曾說過，偉大的事業需要始終不渝的拚搏精神。只有奮力拚搏才有可能不斷征服危機、戰勝困難，成為生活的主宰；只有奮力拚搏，才有可能衝破層層烏雲，得到光明，駛向成功的彼岸。讓我們每天給自己五個提醒：

「千里之行，始於足下！」

為某件事情去拚搏往往是一個漫長的過程。這就要求我們腳踏實地、一步一個腳印地走好每一步。三天打魚兩天晒網、心懷僥倖都不是拚搏的內涵。

「不要怕困難，不要怕吃苦。」

在拚搏的過程中要有刻苦耐勞的精神。拚搏的過程是一個需要付出艱辛勞動的過程。拚搏不是娛樂，拚搏與輕鬆無關。當你要為做成某件事而拚搏的時候，要時刻提醒自己這一點。

「再堅持努力一下，成功可能就在下一秒！」

當你在為做成某件事情而拚搏的時候，你也許已經努力很久了，而期待的結果卻遲遲沒有出現，這時你可能心浮氣躁起來，產生了放棄的念頭，請告訴自己要持之以恆，要堅持下去。

「勝不驕，敗不餒。」

在你為做成某件事情而拚搏的過程中，有時會有小小的成功，而有時又會有小小的失敗，不要因為成功而驕傲懈怠，更不要因為失敗而灰心喪氣、停滯不前。要讓成功成為勉勵自己繼續前進的動力，讓失敗成為促使自己反思的契機。只有這樣你才能不斷地前進。

「保持樂觀的態度。」

在你為某事而拚搏的過程中，困難挫折是難以避免的。悲觀、失望的態度只能讓你意志消沉、喪失動力。而積極、樂觀的態度會讓你看到事情陽光和希望的一面，給你繼續前進的動力。

經常提醒自己這五點，日積月累，你就會逐漸形成拚搏的品質，成為生活的強者。

心理驛站

半途效應是指在激勵過程中達到半途時，由於心理因素及環境因素的交互作用而導致的對於目標行為的一種負面影響。

大量的事實表明，人的目標行為的中止期多發生在「半途」附近，在目標行為過程的中點附近是一個極其敏感和極其脆弱的活躍區域。

心理學家研究表明，當人們追求一個目標做到一半時，常常會對自己能否達到這目標產生懷疑，甚至對這個目標的意義產生懷疑，這時候的心理會變得極為敏感和脆弱，這樣就容易導致半途而廢，心理學上稱之為半途效應。

導致半途效應的原因主要有兩個：一是目標選擇的合理性，目標選擇得越不合理越容易出現半途效應；二是個人的意志力，意志力越弱的人越容易出現半途效應。

男孩們，在曾經走過的歲月裡，你可曾有過膽小退縮、畏縮不前的時刻？當你畏首不前的時候是否錯過了發展和表現自己的機會？空羨慕別人的成功，只能悄悄地後悔「本來我也能做到的，只是沒能放手一搏」。讓我們握緊拳頭，向著目標勇敢前進吧！只有這樣，我們才能成長為真正的男子漢！

心靈雞湯

有志者，事竟成，破釜沉舟，百二秦關終屬楚；

苦心人，天不負，臥薪嘗膽，三千越甲可吞吳！

——蒲松齡

勇者無畏

有勇無謀的人是莽夫，往往會把事情弄得一團糟而不知所措；有謀無勇的人是空想家，斗室中指點江山，縱橫捭闔，只能成為紙上談兵；有勇有謀的人才是真正的英雄，他們事前深思熟慮，然後採取果斷而有效的行動，終至成功。

外黃小兒說服霸王

外黃小兒，是秦朝末年外黃縣的一個 13 歲的少年，由於他機智勇敢地說服了項羽，從項羽的屠刀下救出了百姓，一直被世人傳頌，可惜的是，他沒有留下姓名，後人只稱他是外黃小兒。

秦朝末年，漢王劉邦和西楚霸王項羽爭奪天下。項羽帶兵攻打外黃城。城攻破了，守將逃走了，可城裡的老百姓卻面臨著一場災難。

原來項羽對外黃城裡的老百姓幫助敵將守城十分惱怒，進城後下了一道命令，要把全城 15 歲以上的壯丁全都抓起來活埋，以發洩自己的憤怒。消息傳開後，外黃的百姓非常驚恐，城內一片哭聲，誰都想不出解救親人的辦法。就在這時，一個 13 歲的少年，挺身而出，走進楚軍軍營，要求拜見西楚霸王。

項羽聽說有個少年要見他，覺得很奇怪，就吩咐衛兵領他進來。項羽問道：「你小小年紀，來見我有什麼事情嗎？」那少年對項羽說：「外黃城的百姓，受原來守城將領的欺壓，敢怒而不敢言，天天盼望著大王來救他們的性命，他們的心都向著您啊。哪兒知道，大王進城沒有幾天，城裡紛紛傳說，

大王要把15歲以上的壯丁全都活埋。我以為，大王是個非常仁慈寬厚的人，不會做出這樣的事。而且，如果活埋了全城的壯丁，對大王您只會有壞名聲，不會帶來好處。所以請大王撤消這道命令，以安定民心。」

項羽一聽，不由得發起火來，說：「老百姓遭受壓迫，那完全是真的。可我領兵攻打外黃，老百姓為什麼還幫助敵將打我？我就不信殺了城內的壯丁，會有什麼壞處！」少年又機智沉著地說：「大王，外黃城的老百姓要是真的幫助敵將守城，那麼你至少還要過一段時間才能進城。哪能敵將一走，就可以立即進城呢？可見，老百姓並不是要和大王作對。但大王要是活埋全城的壯丁，老百姓還有什麼好講的，只好等死了。不過，外黃城以外，還有許多城池，那裡的老百姓聽說大王活埋投降的百姓，都會引起驚恐，今後誰還敢開城門迎接您？即使您本領再大，攻占這些地方，也要花費很大的力氣和代價。這難道不是對您沒有好處，只有壞處嗎？」

這些話真的講到了項羽的心裡，他擔心外黃城以外的老百姓要是都把他當成敵人，和劉邦一起來反對他，那樣他也就很難取勝了。想到這裡，項羽就打消了活埋百姓的念頭。

外黃城的老百姓聽了這個消息，奔走相告，都非常感激這個機智的少年。讚揚他不顧個人安危，勇敢地替老百姓講話，說通了項羽，救了全城的百姓。

心理透視

心理學家史考特·派克說：「在這個世界上，只要你真實地付出，就會發現許多門都是虛掩的！微小的勇氣，能夠完成無限的成就……如果你很幸運，與生俱來就有勇氣這種品性，那麼很值得恭賀；如果你還沒有養成這種性格，那麼盡快培養吧，人的生命很需要它！」勇氣是一個人成功的必備素質，是男孩主動進取的動力，是男孩成長的活水之源。

勇氣指有膽量、果敢、不怕艱險，體現為果斷和主動，是一種個性心理特徵。勇敢與怯懦是一對相對立的品質。人生的奮鬥離不開勇敢的品質。面對叢叢荊棘，你敢不敢走自己的路？每一位先驅都是勇敢的開拓者。沒有勇

敢的精神怎麼可能獨自邁上一條與眾不同的路，甚至在頂著反對聲音的情況下？

勇敢，可分兩大類：一類是表面的勇敢，一類是內在的勇敢。內在的勇敢又分理智性勇敢和信念性勇敢。表面的勇敢，是裝腔作勢，是譁眾取寵的空架子，是假勇敢。內在的勇敢是內心的勇敢，內在的勇敢才是真正的勇敢。理智性勇敢是在內心理智的控制下表現的勇敢，這種勇敢一方面可以有害怕，一方面用理智去克服駕馭恐懼，就是說心裡害怕，但是還要勇敢去做。信念性勇敢是在某種強大的信念支撐下，表現出自信的勇敢。

生活魔方

當需要勇敢行動的時候偏偏有恐懼感來阻撓，這時應該怎麼辦？怎樣讓勇敢成為一種內在的品質？

描繪恐懼和勇敢的心理圖景

首先，弄清楚是什麼使你感到恐懼，要把沒有理由的恐懼同合理的直覺區別開。其次，採取適當的步驟，辨明哪些是保護性的恐懼，然後依靠勇氣對其他恐懼進行轉變。

有時，恐懼能使你意識到實際的危險，但更多的是無意義的恐懼，它們拖累了你。所以，你要訓練自己去質疑那些影響你自尊的恐懼，我們都能做到卓越不凡。

與自己溝通

為了化解恐懼，進行幾次深呼吸，讓自己鎮定下來，閉上眼睛，重複這句格言：「我不只擁有恐懼，還擁有整個世界。」深吸一口氣，它會為你注入勇氣，讓你變得積極起來。你可以簡單地告訴自己：「請把我的恐懼帶走。」同時，保持靈敏的感覺，但不要繃緊神經。這類干預或許能讓你收穫意想不到的效果。

多參加有挑戰性的運動

挑戰性的運動不但可以造成鍛鍊身體的作用，讓我們學會如何迎接挑戰，更重要的是教會我們面對困難的勇氣。挑戰性的運動有攀岩、蹦極、探險、漂流等。

學會應對挫折

遇到困難時，自己想辦法解決。建立戰勝困難的勇氣，並在這一過程中獲得自信。物競天擇、適者生存、優勝劣汰是一切生物存在的規律，如果沒有吃苦的精神和能力，將來就難以接受各種挑戰，難以在激烈的競爭中獲得勝利。

培養堅強的意志力

面對障礙和每一個艱難的決定，都是依靠內心的力量做出的。意志力就存在於自信心、自尊心、責任心、決心和好勝心以及接受挫折、堅持到底、乘勝追擊的愉快體驗裡。

心理驛站

挪威人喜歡吃沙丁魚，尤其是活魚。市場上活魚的價格要比死魚高許多。所以漁民總是千方百計地想辦法讓沙丁魚活著回到漁港。可是雖然經過種種努力，絕大部分沙丁魚還是在中途因窒息而死亡。但卻有一條漁船總能讓大部分沙丁魚活著回到漁港。船長嚴格保守著祕密。

直到船長去世，謎底才揭開。原來是船長在裝滿沙丁魚的魚槽裡放進了一條以魚為主要食物的鯰魚。鯰魚進入魚槽後，由於環境陌生，便四處游動。沙丁魚見了鯰魚十分緊張，左衝右突，四處躲避，加速游動。這樣沙丁魚缺氧的問題就迎刃而解了，沙丁魚也就不會死了。這樣一來，一條條沙丁魚就歡蹦亂跳地回到了漁港。這就是著名的「鯰魚效應」。

心靈雞湯

勇氣是人類最重要的一種特質，倘若有了勇氣，人類其他的特質自然也就具備了。

——邱吉爾

天行健，君子以自強不息

中國現代著名教育家、詩人陶行知寫過一首《自立歌》：「滴自己的汗，吃自己的飯，自己的事自己幹，靠人、靠天、靠祖上，不算是好漢！」自立自強是一種心態、一種行為方式，也是一種生活方式。自立自強的精神是男子漢必須要具備的一種品質。

聽不見聲音的巨人

1787年4月，一位年輕人前往維也納拜見當時的大音樂家莫扎特。此人其貌不揚，短小精幹，在莫扎特面前大展鋼琴身手，連被譽為神童的莫扎特亦為之驚嘆，立即向在場的朋友說：「此年輕人必為樂壇掀起狂瀾。」莫扎特的預言不到十年即應驗，此人正是大名鼎鼎的德國音樂家貝多芬。

貝多芬（1770～1827），出生在德國美麗的小城波恩。四五歲起在父親嚴厲的教育下學習音樂，8歲就登台演出。

由於家庭生活困難，幼年的貝多芬挑起了家庭生活的重擔，同時還刻苦而勤奮地學習音樂，靠著非凡的毅力和辛勤的勞動，他在音樂上獲得了巨大的成就。

可是生活的折磨使貝多芬的健康受到摧殘，26歲開始聽力衰退，後來聽覺全部喪失。當真切地感覺到自己的耳朵越來越聾時，他幾乎絕望了。人生似乎不值得活下去了：

對一個音樂家來說，還有比聽不見他喜歡聽而且靠它生活的甜美聲音更不幸的事情嗎？

起初，貝多芬放棄到各王宮去聽他如此喜愛的音樂會，他怕人們知道了他的耳聾，會認為一個聽不見聲音的音樂家是寫不出好作品來的。貝多芬逐漸離群索居，自己變得愈來愈孤僻。

然而命運征服不了這個自強不息的人，這個耳聾了的音樂家想起他熱愛的音樂：「我要扼住命運的喉嚨，它妄想使我屈服，這絕對辦不到！」

貝多芬以頑強的精神與疾病鬥爭、與貧困鬥爭，在耳聾後寫下了《英雄》《命運》《田園》《合唱》等不朽之作，為全人類留下了珍貴的文化遺產。

不是每一個人都能夠成為偉大的音樂家，但是，每一個音樂家都走過了曲折而有意義的人生道路。當我們在羨慕他們成功的時候，更要看到他們自強不息的精神！

心理透視

無數自強者的經驗都告訴我們，一個人的成功主要不在他有多高的天賦，也不在他有多好的環境，而在其是否具有自立自強的精神。孟子說，上天要委任你以大任，必先考驗你。唯有自立自強的人，才能經受得住考驗和磨煉。

自立自強的人明白自己可以向別人求助，可以接受別人的幫助，但是自己是自己的負責人，自己成為什麼樣子的人由自己負責。自立自強的人明白，能夠得到別人的幫助是自己的幸運，不能得到別人的幫助也無關大局，因為自己的問題要靠自己解決，所以自立自強的人擁有坦盪開朗的胸懷，不會怨天尤人。

自立自強的人能更好地享受成功的果實。當你付出辛勤和汗水終於等來了一朵花開，此時的欣喜遠勝過看到公園裡滿園花開，因為這一朵花開是對你辛勤勞動的肯定，是對你個人能力的讚揚，是對你的鼓勵。

自立自強，是一個人活出尊嚴、活出個性、實現人生價值的必備品質，是我們健康成長、搞好學習、將來成就事業的強大動力。人生的路要靠自己行走，成功要靠自己去爭取。天助自助者，成功者自救！在困難與挫折面前，我們不能一味地去尋求別人的幫助，或依賴他人的援助，而要以積極的態度去應對，既要樹立戰勝困難的信心和勇氣，又要運用智慧尋找戰勝困難的良策，以主動的姿態，得力的措施，有效的方法，去克難攻堅，轉危為安，走向成功。

唯有自立自強，小小的樹苗才能成為參天的大樹，弱馬駒才能成為千里馬。唯有自立自強，一個人才能茁壯成長。少壯不努力，老大徒傷悲。我們應當趁此大好時光，努力學習，奮發進取，培養自立自強的品質，做一個優秀的中華兒女！

生活魔方

找尋身邊學習的榜樣，鼓勵自己做一個自立自強的人。

誰？	什麼事？	如何表現？	心理感受！
誰？	什麼事？	如何表現？	心理感受！
誰？	什麼事？	如何表現？	心理感受！

例如：誰？同學張賽。

什麼事？原來在學校的體育成績不好。

如何表現？但是她透過自己不斷地刻苦努力，最後取得了好成績。

心理感受：她不怕困難，勇於挑戰自己的精神震撼了我！

有自信

自信是自立自強的基礎。沒有自信的人往往不敢獨立去承擔事情，總是覺得自己會做不好。因此，要做一個自強的人首先要做一個自信的人。

帥氣男孩修煉手冊
第三篇 少年英豪，勇往直前

學會自律

自立自強就是要依靠自己的艱苦奮鬥取得成就。而自律是取得成就的保障。只有在嚴格自律的情況下，保證注意力集中在要實現的目標上，這樣才能完成目標。要做一個自強的人就要做一個自律的人。

從現在的點滴做起吧！「明日復明日，明日何其多。我生待明日，萬事成蹉跎。」

從現在開始就要求自己不要拖延，要積極地行動起來。勿以善小而不為，勿以惡小而為之。積點滴之功，終能培養出自強自立的精神。自己的日常生活瑣事可以學習著自己去做，比如洗衣服、打掃房間等。

培養吃苦精神

可以練習一下長跑，體會一下在渾身痠痛、氣喘吁吁的時候仍然堅持跑下去時的感受，以及終於完成預設長度的成就感。你就會明白「吃得苦中苦，方有甜中甜」的真正含義了。

心理驛站

晉朝有一個叫孫康的人，他生性聰敏，讀書過目不忘，與人交談則對答如流。孫康酷愛讀書，在他很小的時候，就常常手不釋卷，夜以繼日，樂「書」不疲。儘管家境不好，他也時常面有菜色，但卻難掩他目光中發自內心的光輝和熱情。可是後來，隨著年齡的增長，他對讀書沉迷愈深，家境卻每況愈下，家人說再也供不起他狂讀不止、耗費燈油了，也就是說他夜裡不能讀書了。孫康不是書呆子，他也不認為書中果然有千鐘黍或顏如玉，只是讀書實在是一件很快樂的事情，它給他帶來了完全不同的世界，使他體會到思想的樂趣，讓他的心境變得明淨高遠，完全超脫了眼前困窘的處境，可是眼下沒有書讀的日子，讓他覺得每一個夜晚都令人難以忍受。

那是一個寒冷的冬夜，他離開破敗冷清的家，來到月華普照的雪原，冥思苦想，但一籌莫展，心中悲苦而不知所從。然而，就在他徬徨之際，一個念頭閃現出來，原來，在這皎潔的月光下，雪原反射著無邊的銀光，塑成了

一個清亮又輝煌的世界，周圍的景物十分清晰，似乎是上天悲憫感動於他苦苦向學的摯誠，特意將這天地都化作了他讀書的好場所，他欣喜異常，奔回家去，取出書來，映著雪光一看，果然字跡清晰異常，他在心中歡喜不止：「我又可以讀書了，我又可以讀書了！」

從此以後，每一個月色皎潔的夜晚，孫康都捧一本書來到雪地，利用雪的反光來讀書。後來，他成為了一個名重一時的大學者。他「映雪讀書」的故事也被傳為佳話，成為勤奮好學的典範。

心靈雞湯

我們雖可以靠父母和親戚的庇護而成長，依賴兄弟和好友，藉交遊的扶助，因愛人而得到幸福，但是無論怎樣，歸根結底人類還是要依賴自己。

——歌德

少一分猶豫，多一份成功

當斷不斷反受其亂。猶豫不決往往會錯失良機、空餘嗟嘆。果斷是快刀斬亂麻的利刃，將人從紛繁蕪雜中解放出來；果斷是一種對時機牢牢把握的機智，為人開啟成功的航向。少一分猶豫，多一分果斷，才能多一份成功。

布利丹的毛驢

法國哲學家布里丹養了一頭小毛驢，每天向附近的農民買一堆草料來餵牠。

這天，送草的農民出於對哲學家的景仰，額外多送了一堆草料，放在旁邊。這下子，毛驢站在兩堆數量、質量和與它的距離完全相等的乾草之間，為難壞了。

毛驢雖然享有充分的選擇自由，但由於兩堆乾草價值相等，客觀上無法分辨優劣，於是它左看看，右瞅瞅，始終也無法分清究竟選擇哪一堆好。

于是，這頭可憐的毛驢就這樣站在原地，一會兒考慮數量，一會兒考慮質量，一會兒分析顏色，一會兒分析新鮮度，猶猶豫豫，來來回回，在無所適從中活活地餓死了。

在我們每一個人的生活中也經常面臨著種種抉擇，如何選擇，對人生的成敗得失關係很大，因而人們都希望得到最佳的選擇，常常在抉擇之前反覆權衡利弊，再三斟酌被選擇折磨的痛苦不堪。

但是，在很多情況下，機會稍縱即逝，並沒有留下足夠的時間讓我們去反覆思考，反而要求我們當機立斷，迅速決策。如果我們猶豫不決，就會兩手空空，一無所獲。有人把決策過程中這種猶豫不定、遲疑不決的現象稱之為「布里丹毛驢效應」。

人生中，思前想後、猶豫不決固然可以免去一些做錯事的可能，但也可能會失去很多機會，造成無可挽回的後果。奧斯丁·普爾普斯說：「要時刻尋找機遇，當機遇降臨時要果斷、及時地把握它，充分利用它並去爭取成功——這是成功者必備的三種重要品質。」

有人說：「果斷獲得信心，信心產生力量，而力量是勝利之母。」果斷能夠斬斷拖延和徘徊的尾巴，讓你輕裝上陣。有了果斷，才能速戰速決，才能夠與時間賽跑，書寫新的戰績，譜寫激昂的樂章。

心理透視

布里丹毛驢效應告訴我們，多種選擇雖然給了我們更多的空間和自由，如果能夠好好把握這種選擇的自由，能在不同的選項之間做出恰當的對比與衡量，挑出更優越的一種，果斷地做出選擇，那麼我們將因有多重選擇而大大地受益；反之，面對多重選擇，反覆衡量，舉棋不定，不敢確信自己的判斷，往往會坐失機會，後悔不迭。選擇的自由對於猶豫不決、缺乏果斷精神的人來說，反而成了一種困境。

威廉·沃特說：「如果一個人徘徊於兩件事之間，對自己先做哪一件猶豫不決，他將會一件事情都做不成。如果一個人原本做了決定，但在聽到自己朋友的反對意見時猶豫動搖、舉棋不定，那麼，這樣的人肯定是個性軟弱、

沒有主見的人，他在任何事情上都只能是一無所成，無論是舉足輕重的大事還是微不足道的小事，概莫能外。」

在面臨多重選擇時果斷地做出選擇是一種智慧的體現。果斷並不等於草率。果斷是在對情況進行快速地分析與比較之後，做出的決策。草率雖也是快速地做出決策，但是草率決策的過程缺乏果斷決策過程的比較與衡量，彷彿是閉上眼睛不計後果地亂撞一般。

可是為什麼人們常常會猶豫不決呢？

心理學對此作出了一些解釋：在我們做決策的過程中會產生一些衝突，包括趨避衝突、雙避衝突、雙趨衝突以及多重趨避衝突。

舉例來說，世界盃足球賽總在6月底到8月初這段時間舉行，而這段時間又恰恰是接近學校期末考試的時間。喜歡看足球的同學就會產生內心的衝突：既想觀看高水準的球賽，又不想影響考試，這就產生了雙趨衝突。

旅遊本是一件對人很有吸引力的活動，但人們常常害怕耗費時間、精力和錢財而不願意去，這就產生了趨避衝突。

開學之初，一個大學生想選修一些有吸引力的課程，但又害怕考試失敗；想參加校足球隊為學校爭光，但又害怕耽誤太多時間；想參加學校的公共協會學習公共關係學問，但又怕不能被接受而面子上不好看。這種複雜的矛盾心理，就是多重趨避衝突。

一個小孩得了齲齒，感到非常痛，但他又不肯就醫，因為他害怕治療帶來的痛苦。此時，牙痛和治療帶來的痛苦都是想要迴避的目標，但是又不能同時迴避。要解決這種衝突，只有接受其中一種痛苦程度較輕的目標，這就是雙避衝突。

正是做決定過程中可能出現的這些衝突，讓人們猶豫不決，不知該如何選擇。

智者說：「使一個人形成果斷決策的個性，是生命成長中道德和意志訓練方面最重要的工作。」古羅馬詩人盧坎描寫了一種具有凱撒式堅忍不拔精

神的人——這種人首先會聰明地請教別人，與別人進行商議，然後果斷地決策，再以毫不妥協的勇氣來執行他的決策和意志，他從來不會被那些使小人物們愁眉苦臉、望而卻步的困難所嚇倒。實際上，也只有這種果敢的人才能獲得最後的成功，而且在任何一個行業裡都會出類拔萃、鶴立雞群。

生活魔方

有承擔責任的勇氣 很多時候優柔寡斷、舉棋不定是因為害怕為自己的選擇承擔責任。因此，要想做一個果斷的人，首先要做一個勇於承擔責任的人。

認真理解事物的本質

面對多種選擇難以決定到底該選擇哪一個，往往是因為難以預見選擇的結果是怎樣的。只有多讀書、多實踐，不斷地積累經驗，培養智慧，深入理解事物的本質，逐漸地能夠瞭解事物的發展方向，在這種情況下你往往能夠快速地做出正確的選擇。

全面的參考資訊

面對決策時要全面地掌握相關資訊，可以透過向別人諮詢或者透過網路查詢來獲取。掌握大量的資訊有助於你快速地做出正確的決策。

強化自我意識

遇事要沉著冷靜，自己開動腦筋，排除外界的干擾或暗示，學會自主決斷。要徹底擺脫那種依賴別人的心理，克服自卑、培養自信心和獨立性。

強化實踐鍛鍊

一方面要加強學習、積累知識，用知識來武裝和充實自己，提高自己分析問題和解決問題的水準，並透過學習別人的經驗來擴展自己決斷事情的能力。另一方面，要積極投身到生活實踐當中去，不斷豐富經驗，增強自己的適應能力。

心理驛站

　　三分之一效應講的是人們決策中的心理偏差，是一種普遍的心理現象。每個人經常要面臨各種選擇，當人們面臨兩種選擇的時候，兩個方案選擇其一，人們就會捨棄另外的一個方案。但是，如果人們的選擇變得更多，有三個選擇的時候，隨著選擇對象的增多，選擇餘地的增大，選擇難度也相應地增大了，最後讓人們陷入迷茫中。

　　為了證明這種三分之一效應，一位社會心理學家曾做過一個實驗，他做了三個籤，其中兩個寫著「有」，一個空白，然後一字排開，擺放的順序是「有」字籤在兩邊，空白籤在中間，然後讓被試者從中抽取一個。雖然每個籤的中獎概率是均等的，但絕大多數人在心理上對第一個和第三個都會有點抗拒，總認為不可能那麼巧，他們不會選擇兩邊寫有「有」的那兩個，因此，絕大多數人都會抽取第二個。

心靈雞湯

　　世上沒有一個偉大的業績是由事事都求穩操勝券的猶豫不決者創造的。

　　　　　　　　　　　　　　　　　　　　　　　　——愛略特

▎打破思維的桎梏

　　靜止是相對的，變化是絕對的。在這個運動不息、變化不止的世界上，如果沒有創新精神，總是因循守舊、保持僵化的思維，那將會難以適應這個變動不拘的世界。

把木梳賣給和尚

　　某公司高薪招聘人員，競聘者眾多。但是，當這些人拿到公司的考題之後，卻不知所措了。原來公司要求競聘者在十日之內，儘可能多地將木梳賣給和尚。

帥氣男孩修煉手冊
第三篇 少年英豪，勇往直前

出家的和尚要木梳何用？不少競聘者認為是用人單位在拿競聘者開玩笑。一時間，原先門庭若市的招聘大廳，僅剩下甲乙丙三人。這三人知難而進，奔赴各地去賣木梳。

期限已到，甲乙丙各自回來交差。甲滿腹怨尤：木梳僅賣掉一把。自己曾前往寺廟誠心推銷，但卻被僧人責罵，說他存心取笑出家人，將他轟出山門。歸途之中，碰到一位遊方僧人在路旁休息。自己將木梳奉上，並含淚哭訴。游僧動了惻隱之心，才解囊買下。

乙聲稱自己賣掉了 10 把木梳。為推銷木梳，他深入遠山古刹。此處山高風大，前來進香的人，頭髮被風吹得散亂不堪。見此情景，自己靈機一動，忙找到寺院住持：莊嚴寶刹，佛門淨土，進香拜佛，理應沐浴更衣。倘若衣冠不整、蓬頭垢面，實在褻瀆神靈。所以應在寺廟的香案前，擺放木梳，供前來拜佛的善男信女梳理頭髮。住持認為言之有理，採納了他的建議，總共買下了 10 把木梳。

輪到丙彙報，他不慌不忙地從懷中掏出一份大額訂單，聲稱不但已經賣出了 1000 把木梳，而且拿到了大訂單。聽此言，別人大惑不解，忙問丙如何取得如此佳績。丙說，為了推銷木梳，自己打探到一個香火極旺的名刹寶寺。找到廟內方丈，對他說：「凡進香朝拜者無不懷虔誠之心，希望佛光普照，恩澤天下。大師為得道高僧，且書法超群，能否題『積善』二字並刻於木梳上，贈與進香者，讓這些善男信女，梳理三千煩惱絲，以此向天下顯示，我佛慈悲為懷，保佑眾生。」方丈聽聞大喜，不僅將他視為知己，而且共同主持了贈送「積善梳」首發儀式。此舉一出，一傳十，十傳百，寺院不但聲譽遠播，而且進山求梳者簡直擠破了腦袋。為此，方丈懇求他急速返回，請公司多多發貨，以成此善事。

創新是敢於打破舊有的思路和做法，另闢蹊徑，開拓嶄新道路的思維品質和個性特徵。擁有創新精神的人能在不可能之處看到可能，在「山重水復疑無路」的時候常常能「柳暗花明又一村」。

心理透視

上面故事中的丙，向我們展示了怎樣打破思維的桎梏，以及創新的思維會給我們帶來怎樣的機遇與成果。打破僵化的思維，以創新的精神，不走尋常路，終將梳子大批量地賣給不梳頭的和尚。

在我們日常生活的方方面面都需要創新的精神。同時創新精神也是一個國家和民族發展的不竭動力，是一個現代人應該具備的素質。

心理定勢是妨礙和干擾創新的一個重要因素。心理定勢是對某一特定活動的準備狀態，它可以使我們在從事某些活動時能夠相當熟練，甚至達到自動化，可以節省很多時間和精力；但同時，心理定勢的存在也會束縛我們的思維，使我們只用常規方法去解決問題，而不求用其他「捷徑」突破，因而也會給解決問題帶來一些消極影響。

日本東芝電氣公司1952年前後曾一度積壓了大量的電扇賣不出去。有一天，一個小職員向當時的董事長石坂提出了改變電扇顏色的建議。在當時，全世界的電扇都是黑色的，但這個小職員建議把黑色改為淺色。這一建議引起了石坂董事長的重視。經過研究，公司採納了這個建議。第二年夏天東芝公司推出了一批淺藍色電扇，大受顧客歡迎，市場上還掀起了一陣搶購熱潮，幾個月之內就賣出了幾十萬台。

從此以後，在日本，以及在全世界，電扇就不再都是一副統一的黑色面孔了。

此例具有很強的啟發性。只是改變了一下顏色，大量積壓滯銷的電扇，幾個月之內就銷售了幾十萬台。這一改變顏色的設想，效益竟如此巨大。而提出它，既不需要有淵博的科技知識，也不需要有豐富的商業經驗，為什麼東芝公司其他的幾萬名職工就沒人想到、沒人提出來？為什麼日本以及其他國家成千上萬的電氣公司，以前都沒人想到、沒人提出來？

這顯然是因為，自有電扇以來都是黑色的。雖然誰也沒有規定過電扇必須是黑色的，而彼此仿效，代代相襲，漸漸地就形成了一種慣例、一種傳統，似乎電扇都只能是黑色的，不是黑色的就不成其為電扇。

這樣的慣例、常規、傳統，反映在人們的頭腦中，便形成一種心理定勢、思維定勢。時間越長，這種定勢對人們創新思維的束縛力就越強，要擺脫它的束縛也就越困難，越需要作出更大的努力。東芝公司這位小職員提出的建議，從思考方法的角度來看，其可貴之處就在於他突破了「電扇只能漆成黑色」這一思維定勢的束縛。

進行創新思考，必須警惕和擺脫思維定勢的束縛作用。無論是在創新思考的開始，還是在它的其他某個環節上，當我們的思考陷入困境時，往往都有必要檢查一下是否被某種思維定勢捆住了手腳。

一個人的創新思考陷入了某種思維定勢大都是不自覺的，而跳出一種思維定勢，則常常都需要自覺地作出努力。

生活魔方

總結前人的經驗和教訓 透過借鑑前人的工作，我們可以站在巨人的肩膀上看待問題和解決問題；透過前人失敗的經驗我們可以發現很多問題，進而改變方法和途徑，成功地解決遇到的問題。在查閱資料和學習的過程中，多問問自己，別人成功是成功在哪裡，哪一點值得借鑑；別人失敗又是失敗在哪裡，哪一點是需要警惕的。

遇到問題要注意從多方面考慮，養成思考的習慣，面對問題的時候可以用下面表格的方式來指引自己思考。

是什麼	為什麼	怎麼樣	有什麼選擇

持續積累，夯實基礎知識

良好的基礎知識是創新成果誕生的良好基點。優秀的創新成果都是飽含科技含量的，沒有堅實的知識積累和深厚的知識底蘊，是不可能孕育出優良發明的。

學會借鑑和組合

多讀書，多實踐，像海綿一樣吸取知識，像淘金一樣對知識進行提煉。在掌握了大量相關知識的基礎之上，透過借鑑和組合，構想出新的、屬於自己的東西。

培養發散思維

比如，我們思考「磚頭有多少種用途」。我們至少有以下各式各樣的答案：造房子、砌院牆、鋪路、刹住停在斜坡上的車輛、作錘子、壓紙頭、代尺劃線、墊東西、搏鬥的武器，如此等等。在思考問題的時候可以像下圖所示的那樣來填空，中間的大圓裡填上問題，在周圍的小圓裡填上能想到的不同的解決方法。

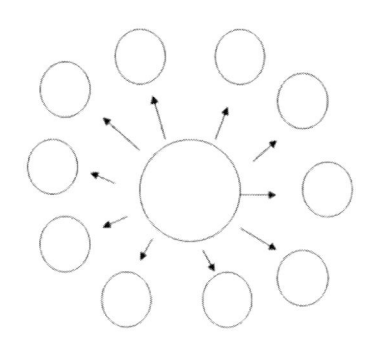

集體頭腦風暴法

當和同學或朋友面臨著共同的問題時，可以採用集體頭腦風暴法。儘可能多地提出問題的解決辦法。在這個過程中不要評價別人所提出的辦法，更不要提出批評，使大家暢所欲言。

心理驛站

維克效應來源於維克教授做過的一個十分有趣的實驗。他把一個玻璃瓶平放在桌子上，瓶的底部朝向窗戶有光亮的一方，瓶口敞開，然後放進幾隻蜜蜂。蜜蜂在瓶子內朝著有光亮的地方飛去，不停地在瓶底上尋找出口，結

果都只是撞在瓶壁上。經過幾次飛行之後，蜜蜂終於發現自己永遠也無法從瓶底飛出去，它們只好認命，奄奄一息地停在有光亮的瓶底。

接著維克教授把蜜蜂放出，仍將瓶子按原來的樣子擺好，再放進幾隻蒼蠅。沒過多久，蒼蠅一隻不剩地全部從瓶口飛出來了。

在這個實驗中，蒼蠅和蜜蜂的命運截然不同。蒼蠅為什麼能找到出路，因為蒼蠅堅持多方嘗試，飛行時或上或下，或背光或向光，一旦碰壁發現此路不通，便立即改變方向，最終找到瓶口飛了出來。

在蜜蜂的思維裡，玻璃瓶的出口必然會在最明亮的地方。可憐的蜜蜂沒有意識到環境發生的變化，還一味地堅持固有的經驗，不停地重複著這種行為。這對於人們來說啟發意義非常大，因為在現實生活中人們往往也重複著蜜蜂的「經驗」而渾然不覺。

心靈雞湯

構成我們學習最大障礙的是已知的東西，而不是未知的東西。

——貝爾納

於無聲處聽驚雷

質疑精神是敢於向習慣思維和權威提出異議，不盲從和迷信書本與權威的，一種勇於和敢於挑戰的精神。擁有質疑精神的人往往能夠於無聲處聽驚雷，做出令人震驚的發現與創見。

落雪之聲大如雷

克魯姆博士是美國密西西比大學的一位教授。有一次，他去耶魯大學出差，晚上喝了一點酒，在房裡看到電視預報說，附近地區將有一場大雪。突然間心裡一動，有人說雪花落在水裡是喧嘩繁雜的，我為何不去傾聽下雪的聲音？

於是，他向學校借了一輛車和一些測聲設備，連夜出發追雪去了。到了那個地區，天氣預報並不準確，雪的區域南移了。於是他又往南疾馳，終於在維吉尼亞西部的一個城市找到了雪的蹤跡。

他租用了一個有露天游泳池的旅店，把聲納傳聲線和感測器接入游泳池裡。

奇蹟產生了。雪在空中是寂靜無聲的，可是，透過感測器可以發現，雪一旦落在水裡，它的聲音是長而尖的。由於它的頻率很高，人的耳朵聽不見。

但是雪落到水裡的聲音對於海豚和魚類簡直就是「震耳欲聾」，好像人類聽到一種類似於汽車緊急剎車的尖銳刺耳的聲音一樣。

克魯姆發現，雪落在水裡的頻率在 50 到 200 千赫茲之間，許多水下的動物只能聽到 20 赫茲以下的聲音，他說：「這種發現太有詩意了。」

克魯姆博士的發現告訴我們，下雪並不像我們一貫想像的那樣是寂靜無聲的，透過儀器來聽反而是尖銳刺耳的。我們的常識又一次與事實相違背。

正是對常識大膽地質疑與考察，克魯姆博士做出了「落雪之聲大如雷」這一驚人的發現。

如同許多重大科學發現一樣，發現過程本身也許並不曲折，關鍵在於發現者是否勇於向「定論」提出質疑、向科學權威提出挑戰。體現在克魯姆博士身上的勇於質疑的精神，比「落雪之聲大如雷」這個發現本身更為可貴。

帥氣男孩修煉手冊
第三篇 少年英豪，勇往直前

心理透視

克魯姆博士發現「落雪之聲大如雷」正是在質疑精神的指導之下，對常識和已有看法的質疑與挑戰，並經過實際的觀察與測量證明了常識的錯誤之處，做出了驚人的發現。

質疑精神是推動人類社會進步的車輪。人類的每一個小小的進步都是在對已有觀點繼承與質疑批判的基礎上實現的。我們的祖先認為中國處於世界的中央，現在我們明白我們處於浩瀚宇宙中一顆星球上的一片廣袤的區域。早期人們認為天是圓的，地是方的；現在我們明白地球是圓的，天空是無垠的。早期人們認為地球是宇宙的中心；現在我們明白，地球是太陽系中繞著太陽旋轉的行星之一……

每一個認識的進步都是由一位或者眾多敢於質疑的先行者勇敢地向傳統的觀念發出質疑和挑戰，最終給以我們全新的認識。正是敢於質疑的精神推動了我們對世界的認識不斷進步，沒有質疑就沒有進步。

質疑精神是一種優秀的思維品質，是一種評判性的思考，而不是盲目地接受。在學習知識時，刻意培養自己的質疑精神，對學習內容加以思索與判斷，能夠避免自己成為一個「兩腳書櫃」。

蜜蜂發聲靠的是翅膀振動——這個被列入小學教材的生物學「常識」，被一位名叫聶利的12歲小學生用實驗推翻。聶利為此撰寫的論文《蜜蜂並不是靠翅膀振動發聲》榮獲全國青少年科技創新大賽銀獎和高士其科普專項獎。

這一科學發現出自一名年僅12歲的小學生之手，確實難能可貴。無數生物學家沒有發現的自然奧祕，小小的聶利發現了；成年人沒有懷疑過的來自書本的「定論」，聶利把它推翻了。報導說，聶利的發現過程並不複雜：她先是偶然發現翅膀不振動（或被剪下雙翅）的蜜蜂仍然嗡嗡叫個不停，然後用放大鏡觀察了一個多月，終於找到了蜜蜂的發聲器官。

因此，質疑精神是每個現代人必備的思維品質。對已有資訊進行分析與評判，不盲從、不輕信，只有這樣才能不被資訊之海淹沒而無所適從，或者跟隨錯誤的資訊做出錯誤的決定。

巴爾扎克說過，打開一切科學的鑰匙，毫無異議的是問號。有質疑才有進步，讓我們一起培養自己的質疑精神吧！

生活魔方

學源於思，思源於疑，疑則生問。陶行知有詩云：「發明千千萬萬，起點是一問，禽獸不如人，過在不會問。智者問得巧，愚者問得笨。人力勝天才，只在每事問。」

敢於懷疑

保持開放的頭腦，把敢於懷疑變成你的個人信條。在親自驗明、查實之前，請不要隨便相信某種「真理」。當電視廣告轟炸你時，要敢於懷疑；當在超市的招貼小報上看見最新的封面上報導 UFO 時，要敢於懷疑。多少次你聽到「研究表明……」也許這些研究是可信的，但問問你自己：是誰在進行這些研究？這些從事研究的科學家是中立的，還是他們本身就有某些偏向？

勤思考

大部分人都知道要保持體形必須堅持鍛鍊，殊不知保持清晰的思維同樣需要努力鍛鍊。在我們周圍可以看到很多惰性思維的例子。人們有時懶得思考，在不知不覺中接受了許多錯誤的資訊和觀念。

一分為二地看問題

根據自己的情況思考，而不是盲目地追隨和接受，曾經的經典不代表現在還是經典，事物是發展變化的，所以要用發展的眼光看待。

不要輕信權威

權威說的話也不一定就是對的。可以透過網路和圖書館去查閱相關資料，獲取較多的資訊之後，再做出自己的判斷。大量的資訊都是透過閱讀獲取的，學會在閱讀中質疑對於培養質疑精神是最重要的。

對題目質疑

文章的題目往往都有畫龍點睛的作用。對文章的題目提出問題，既有利於對文章的理解，又有助於培養質疑能力。例如：讀《狼牙山五壯士》，向自己發問：「五壯士指的都是誰？為什麼稱他們是壯士？題目改為『狼牙山五戰士』行嗎？」

從文章遣詞造句的妙處質疑

在讀文章時，找出文中精彩的語句或感受最深的地方，從中去尋找問題。例如，《頤和園》這篇文章中有一句：「遊船、畫舫在湖面慢慢地滑過，幾乎不留一點痕跡。」這時也許會質疑：我們常說船在水面上「劃過」，這裡為什麼用「滑過」？透過這一發問體會到作者用詞的準確性、形象性，既訓練了語感，又發展了創新思維能力。

對矛盾之處質疑

有些文章中看似有矛盾之處，那正是作者匠心獨具所在。讀書時將前後聯繫起來，找出矛盾的地方，從此處質疑，從而悟出道理、提高認識。例如，《給顏黎民的信》一文中，信的開頭稱呼是「顏黎民君」，可見這封信是寫給顏黎民的，在結尾魯迅先生卻寫道：「祝你們好。」這是為什麼？這個問題正揭示了文章的中心，表現了魯迅先生對青年一代的真誠關懷。

從標點符號上質疑

各種標點符號的用法不一樣，它能幫助我們識別句子，辨明語氣，理解課文內容，所以可以從標點處質疑。如《跳水》一文中「四十秒鐘——大家已經覺得時間太長了」，這裡的破折號起什麼作用？

總之，透過質疑問難，把自己引入疑問的天地，就打開了思維的閘門，各抒己見，聽、說、讀、思的能力就提高了。

心理驛站

法國心理學家約翰·法伯曾經做過一個著名的實驗，稱之為「毛毛蟲實驗」：把許多毛毛蟲放在一個花盆的邊緣上，使其首尾相接，圍成一圈，在花盆周圍不遠的地方，撒了一些毛毛蟲喜歡吃的松葉。

毛毛蟲開始一個跟著一個，繞著花盆的邊緣一圈一圈地走，一小時過去了，一天過去了，又一天過去了，這些毛毛蟲還是夜以繼日地繞著花盆的邊緣在轉圈，一連走了七天七夜，它們最終因為饑餓和精疲力竭而相繼死去。

約翰·法伯在做這個實驗前曾經設想：毛毛蟲會很快厭倦這種毫無意義的繞圈而轉向它們比較愛吃的食物，遺憾的是毛毛蟲並沒有這樣做。導致這種悲劇的原因就在於毛毛蟲習慣於固守原有的本能、習慣、先例和經驗。毛毛蟲付出了生命，但沒有任何成果。其實，如果有一個毛毛蟲能夠破除尾隨的習慣而轉向去覓食，就完全可以避免悲劇的發生。

後來，科學家把這種喜歡跟著前面的路線走的習慣稱之為「跟隨者」的習慣，把因跟隨而導致失敗的現象稱為「毛毛蟲效應」。

心靈雞湯

前輩謂學貴有疑，小疑則小進，大疑則大進。疑者，覺悟之機也。一番覺悟，一番長進。

——陳獻章

帥氣男孩修煉手冊
第四篇 鏗鏘少年，肩擔重任

第四篇 鏗鏘少年，肩擔重任

「責任就是對自己要去做的事情有一種愛。」歌德如是說。責任是一種自己對別人的承諾，責任是一種別人給自己的信賴，責任是一種相互的心靈依偎。責任感是對於任何人要守信，對於任何人都要把自己的承諾努力去兌現。責任不是一個招搖的幌子，它有著岩石般的冷峻。它能給予我們的往往是靈魂和肉體上的牽絆，但是為什麼我們還要背負責任呢？因為它最終帶給你的是──偉大的人格。

▋一份誠信比一噸智慧還重

誠實，是內心與言行一致，真實，不虛假；誠實是人最美麗的外套，是心靈最聖潔的鮮花；誠實是一雙金鞋子，踏過千山萬水，質地永恆不變。智慧，只是一種能力，一種對知識的積累；而誠實，是博學者永恆的求索積累。誠信是成功，隨著奮進者的拚搏臨近；誠信是智慧的種子，只要你誠心種下，虔誠學習，就能打開智慧之門，收穫無窮盡的智慧。

華盛頓與櫻桃樹

喬治·華盛頓是美國第一任總統。從懂事起，就很崇拜英雄人物。

當他看到哥哥穿著軍裝上前線打仗，羨慕極了。

一天吃過晚飯，他忽然想到了一個問題，急忙跑去問父親：「爸爸，我長大了也要像哥哥那樣，當一個勇敢的軍人，好嗎？」「好極了，親愛的孩子！」父親高興地回答，「可是，你知道什麼樣的孩子才能成為勇敢的軍人嗎？」父親反問道。「嗯──」華盛頓想了想，回答說：「誠實的孩子才能成為一個勇敢的軍人，是這樣的嗎？」「是的。只有誠實，大家才能團結，團結才能戰勝敵人，成為勇敢的軍人。」

父親不光言傳，還很注重身教。在父親的農場裡，有一顆小櫻桃樹，那是父親為紀念華盛頓的誕生而栽種的。小華盛頓一天天長大，小櫻桃樹也一年比一年高了。華盛頓一心想長大做一名威武的軍人。有一次，他打算做一把小木槍，把自己武裝起來。他本想讓父親幫忙，可看到父親整天忙於自己的工作，沒有時間，於是決定自己動手。小華盛頓拿起鋸子、斧子，找了一棵容易砍倒的小樹，把它鋸倒了。哪知道這棵樹，就是父親最心愛的那棵櫻桃樹。這下可闖了大禍。

父親回來，知道了這件事，大發脾氣，質問是誰幹的。華盛頓躲在屋子裡，非常害怕。他想了想，還是勇敢地出來，走到面前，帶著慚愧的神色說：「爸爸，是我幹的。」「小傢伙，你把我喜愛的櫻桃樹砍倒了，你不知道我會揍你嗎？」

華盛頓見父親怒氣未消，回答說：「爸爸，您不是說，要想當一個軍人，首先就得有誠實的品質嗎？我剛才告訴您的是一個事實呀。我沒有撒謊。」

聽兒子這麼一說，父親很有感觸。他意識到孩子身上的優良品質，要比自己心愛的櫻桃樹還要珍貴。他一把抱住華盛頓，說：「爸爸原諒你，孩子。承認錯誤是英雄行為，要比一千棵櫻桃樹還有價值。」

男孩們，誠實就是真實地表達出內心的世界，沒有虛偽和欺騙。華盛頓因為他的誠實、敢於承認錯誤，受到父親的稱讚。在我們的生活中，只有誠實才能得到更多的認可及讚美。

心理透視

小華盛頓的故事告訴我們，誠實不僅是對別人誠實而且也是對自己的內心誠實，儘管別人不知道是我們做過的。無論怎樣，我們都要真誠地面對自己過去做過的事情和現在發生的事情，這樣我們就會獲得別人的認可與信任。

誠信猶如一顆青澀的果實，你咬一口，雖然很苦，卻回味無窮。在人生的道路上，智慧可以為我們帶來鮮花和掌聲。真誠、信用使智者一生求索積累，最終獲得真正的成功。如果背棄了真誠，只追求智慧，花冠與讚美也將隨之而去。誠信，智慧的種子，只要我們誠心種下，就能找到打開智慧之門的金鑰匙。

在我們的生活中，對誠實的理解可以分為兩層含義：一是指真誠、真實；二是指不欺騙、不虛偽。

首先，誠實守信，才能建立良好的人際關係。真誠而守信譽，不虛偽欺詐，值得信任；知錯能改，真誠道歉，善莫大焉。真誠是一座橋，連接兩顆真摯的心；友誼是棵常青的樹，需要真誠的汗水去灌溉。也許，有時候，欺騙失去的不僅僅是朋友。周幽王，烽火狼煙戲諸侯，戲耍「狼來了」的遊戲，最終國都被攻陷，沒有諸侯前來相救，自刎而死。真誠，不管對於一個人還是一個國家，是多麼的重要啊！

其次，誠實是走向成功的墊腳石。在美國紐約有一所著名的中學，想招收一批新生，恰巧費斯所在的學校也有一個名額。但這所學校考試的方式很特別，分別發給每個報名的孩子一包黃豆，告訴他們：只許依靠自己，兩週後，誰的黃豆芽最長，就會錄取誰。兩週後，無數名孩子，捧著一盆盆長長的豆芽，期待地看著主考官，只有費斯兩手空空。結果，主考官錄取了費斯，主考官說，黃豆是經高溫處理過的。費斯的誠實，換來了主考官的青睞，贏得了讀重點中學的機遇。我們相信，只要我們播種誠實，一定會收穫成功的。

第四篇 鏗鏘少年，肩擔重任

誠實，是中國古代的道德規範，歷來為人們所推崇和提倡。誠實之光普照人類從矇昧走向文明，從農耕文明走向商業文明。只有人人誠實守信，社會秩序才能有條不紊，文明進步才有可能。

生活魔方

葉聖陶爺爺曾經說過，「千教萬教，教人求真」，這是教師的職責；「千學萬學，學做真人」，這是學生的職責。現在，我們就一起學習，學做「真人」。

對自己、他人誠實

誠實的人對自己是誠實的，這就意味著不自欺、不說違心話、不做違心事，內心坦坦蕩蕩；誠實的人對他人誠懇實在，不說假話、不做假事，言行一致，信守諾言。不用「我先玩，玩好了再做作業」「時間還多著呢」這樣的話搪塞自己；不用「我不知道」欺騙媽媽。其實，內心是一面照妖鏡，任何謊言都逃不出它的法眼。

敢於承擔錯誤

打碎一個盤子、一個碗、一塊玻璃，或者一句傷人的話，後果也許沒有你想像的那麼嚴重，爸爸媽媽或者周圍的人並不會狠狠地懲罰我們、永遠不原諒我們。誠實是一塊金子，比任何東西都重要。周圍的親人，更希望看到我們的真誠而不是撒謊。華盛頓的父親，原諒了兒子砍斷櫻桃樹的過錯，他認為誠實比心愛的櫻桃樹還重要。一份真誠比一噸智慧還重。

選擇坦誠錯誤的方式

或許你害怕面對嚴厲的父親；或者你在承認錯誤時，感到難為情、難以啟齒。可以選擇一種比較委婉的方式表達，打電話、寫信、寫便條等。列寧小時候打電話告訴姑媽是自己打碎了花瓶；寫一封信，告訴你的好夥伴，是你不小心讓足球砸碎了他家的玻璃……

要改正錯誤

犯了錯誤，我們不僅要敢於承認，而且要改正。有一句俗語說：不在同一個地方跌倒兩次。如果我們只知道承認錯誤，不知道改正，在一個地方跌倒了多次，誠實也就失去了意義。改正錯誤，才能使我們成長。不小心說了使朋友傷心的話，要記得下次說話小心點……

要有耐心

即使選擇一種委婉的方式，也讓自己很難接受，不知所措；或者生活中，不能處處做到誠實，自己很沮喪。不要難過，不要著急，更不要懲罰自己。誠實是一個過程，對自己有耐心，更要有信心。從一件很小很小的事情做起，先向自己誠實、向自己承認錯誤；然後慢慢地選擇一種委婉的方式，向別人承認錯誤。我們相信，只要我們堅持每天多一點坦誠，少一點虛榮，我們會成為一個誠實的人。

心理驛站

社會交換理論，產生於20世紀50年代末期。代表人物是霍曼斯、布勞和埃默森，認為社會中的任何事物都有特定的價格，整個社會活動的實質是人與人相互等價地給予或回報彼此間所需要的事物。交往的實質，是「收益」「代價」的社會交換，得到的「收益」即獎勵越多，越愉快，並傾向保持這種行為或活動。每個人都是透過交往活動擴大收益、縮小代價，擴大滿意度、減少不滿意度。但是，「代價」和「收益」需要維持平衡。

李嘉誠曾經說：「你必須以誠待人，別人才會以誠相報。」只有付出自己的真誠，才能收穫他人的真誠，我們的真誠相互交換。

心靈雞湯

一個人的真誠與另一個人的真誠交換，每一個人都將擁有兩份真誠；一群人的真誠與另一群人的真誠交換，收穫的是一個文明的世界。

君子一言，駟馬難追

守信是履行諾言而取得的信任；信用是長時間信任和誠信的積累。信用是難得易失的：費十年功夫積累，往往由於一時一事的言行而丟失。信用是我們過去履行承諾的一張名片，是一種行為的藝術，體現了人格的魅力。

君子一言，駟馬難追

查爾斯·詹姆斯·福克斯是英國著名政治家，他以「言而有信」獲得了政界較高的讚譽。

當福克斯還是一個孩子時，有一次，福克斯的父親打算把花園裡的小亭子拆掉，再另行建造一座大一點的亭子。小福克斯對拆亭子這件事情非常好奇，想親眼看看工人們是怎樣將亭子拆掉的，他要求父親拆亭子的時候一定要叫他。小福克斯剛巧要離家幾天，他再三央求父親等他回來後再拆亭子，福克斯的父親敷衍地說了一句：「好吧！等你回來再拆亭子。」

過了幾天，等小福克斯回到家中，卻發現舊亭子早已被拆掉了，小福克斯心裡很難過。吃早飯的時候，小福克斯小聲地對父親說：「你說話不算數！」父親聽了覺得很奇怪，說：「不算數？什麼不算數？」原來父親早已把自己幾天前說過的話忘得一乾二淨了。老福克斯聽到兒子的話後，前思後想，決定向兒子認錯。他認真地對小福克斯說：「爸爸錯了！我應該對自己說過的話負責！」

於是，老福克斯再次找來工人，讓工人們在舊亭子的位置上，重新蓋起一座和舊亭子一模一樣的亭子，然後當著小福克斯的面，把「舊亭子」拆掉，讓小福克斯看看工人們是怎樣拆亭子的。

後來，老福克斯總是說：「言而有信，對自己的言語負責，這一點比萬貫家財來得更為珍貴！」

男孩們，守信也許就是不經意間的一句話、一句承諾。老福克斯信守諾言的榜樣，成就了小福克斯的成功。而我們，是否坦然正視我們許下的每個諾言？我們是否敢於承擔每一個承諾背後的責任？誠實守信，對自己的言語

負責，是被身邊朋友接納的首要條件；我們希望朋友守信用，我們更應該對自己的諾言負責。

心理透視

北宋的哲學家程頤說過：「人無忠信，不可立於世。」意思是說，人活在這個世界上，必須要有忠心信譽。小到一個人，大至一個國家，必須要講信用。

男孩們，在你成長的過程中，是否因為失信於人而失去朋友，內心感到愧疚。守信用，不是簡簡單單地指履行諾言。男孩們，你想知道信用是如何促進愛情、商場上的成功的嗎？

信用對於個人、對於一個國家的作用主要體現在兩個方面：

一是人際吸引。個人品質對人際吸引的影響很大，而且這種吸引比較穩定和持久。我們都喜歡那些誠實、正直、友好、熱情、守信用的人，討厭那些虛偽、狡詐、自私、貪婪的人。

心理學家安德森對個人品質喜惡進行了一項大規模的調查研究，發現：真誠、誠實、信用、忠誠，是排在前 20 位的人們高度喜歡的個人品質；而虛偽、說謊、不可信是人們高度厭惡的品質。

二是承諾。心理學研究發現，承諾是促進合作的一個因素。承諾會激發人的歸屬感，換句話說，我承諾幫助你，會讓你感覺我和你是一個共同的團體，我們需要合作，共同完成工作。在商場上，荷蘭人正是利用這一點，良好的商業信譽，承諾客戶的財物不會受到任何損失，會讓客戶有這樣一種感覺：這些人和我們很相似，他們會像保護他們自己的財物一樣保護我們的財物。這種自然而然的安全感、這種讚譽，促進了荷蘭人商業的繁榮。

生活魔方

一位智者說過：給心靈一片淨土，給誠信一片天地，人生的道路讓我們與誠信同行。心靈需要寧靜，誠信需要天地，人生才能真誠到永遠。我們該從哪些方面培養我們的信用呢？

帥氣男孩修煉手冊
第四篇 鏗鏘少年，肩擔重任

從點滴小事做起，言行一致

有位美國學者，他到監獄裡面去訪問 50 個罪犯，研究他們是怎麼犯罪的。他發現了一件很有意思的事：有一個罪犯說他是從撒謊走向犯罪的。我們說，誠信體現在日常生活的瑣碎點滴中，比如，說真話，不說假話；做錯事時勇於承認自己的錯誤並能及時改正；不拿別人的東西，借別人的東西要還；做到言必信，行必果。在學校，遵守對老師的承諾，從堅決做到作業不抄襲、考試不作弊等小事做起。即使是在「無人監考」的情形下，也能做到憑藉自己的真實能力去應試，堅決不抄襲別人的試卷。

過而能改

中國古代哲人強調知過即改，這是誠實的一種表現。有一則寓言說：有一個人每天都偷鄰居家的雞，有人勸告他說：「這不是有道德者的行為。」那人回答說：「那麼，我打算減少一些，一個月只偷一隻雞，等到明年，停止偷雞。」這則寓言說明，如果已經知道這樣做是不道德的，就應立即改正，何必等到明年！過錯並可怕，可怕之處是我們不能及時改正，甚至是不敢改正。所以，人對於過錯應該立即改正，一定要與過錯一刀兩斷，徹底改正。

和信守承諾的人做朋友

儘量和誠實守信的人來往，這樣的朋友他們會要求自己遵守與朋友、同伴的約定，而且會要求自己的朋友像自己一樣，遵守諾言，不說大話；相反，如果與一個愛吹牛的同學做朋友，我們也會受到他們的影響，平時只愛說大話，不肯身體力行地做事情。這樣，我們會成為一個被朋友討厭的人。

心理驛站

有個老木匠準備退休，他告訴老闆，說要離開建築行業，回家與妻子兒女享受天倫之樂。

老闆捨不得他走，問他是否能幫忙再建一座房子，老木匠說可以。但是，大家後來都看得出來，他的心已不在工作上了，他用的是軟料，出的是粗活。房子建好的時候，老闆把大門的鑰匙遞給他。

「這是你的房子，」老闆說，「我送給你的禮物。」

老木匠震驚得目瞪口呆，羞愧得無地自容。如果他早知道是在給自己建房子，他怎麼會這樣呢？現在他得住在一幢粗製濫造的房子裡！

把你當成那個木匠吧，想想你的房子，每天你敲進去一顆釘，加上去一塊板，或者豎起一面牆，用你的智慧和誠信好好建造吧！

心靈雞湯

無誠則無德，無信則事難成。聰明而睿智的男孩們，一定能領悟到誠信教育的作用和真諦，那麼就從現在做起，從身邊的點滴小事做起吧。播下誠信的種子，賦予我們以力量和耐力，贏得誠信這張人生的通行證！

天下興亡，匹夫有責

擔當，是明代學者顧炎武「天下興亡，匹夫有責」的人生信念，是霍去病「匈奴未滅，何以家為」的豪邁誓言，是范仲淹「先天下之憂而憂，後天下之樂而樂」的無私奉獻。能夠擔當之人以全局出發，以整體利益為重，能捨小家為大家。一個集體、一個國家、一個民族如同一艘航行在大海中的巨輪，勇者竭其力，仁者播其惠，信者效其忠，這就是責任和擔當。人們學會了擔當，這艘巨輪才可一帆風順，前進航行！

我有一個夢想

擔當責任在我們身邊無處不在，無處不有。擔當起責任是我們每個人必須要做的事情，這些責任有的來自於家庭，也有的來自於民族、國家。擔當起責任，為國家、民族的進步作出貢獻，是一個人人生的意義。

馬丁路德金恩的行為改變了一個種族的命運。在美國，黑人是受歧視的，他們生活貧困，社會地位低下，馬丁·路德·金恩是第一位敢站出來，發表反對種族不平等言論的黑人。

1963年8月28日，馬丁·路德·金恩在首都華盛頓廣場的林肯紀念堂前舉行了規模浩大的黑人集會。當時，與會的黑人唱了一天靈歌，聽了一天演說，身心疲憊到難以站著聽講。但當馬丁·路德·金恩上台時，人群頓時沸騰起來。他面對25萬聽眾，發表了著名的演講《我有一個夢想》：

我夢寐以求地希望，有一天這個國家將會覺醒起來，真正信守它的諾言：「我們堅信這條不言而喻的真理：人人生來平等」；

我夢寐以求地希望，有一天喬治亞州紅色的山丘上，從前奴隸的兒子和從前奴隸主的兒子將會像兄弟一樣在一張桌子旁坐下來；

我夢寐以求地希望，有一天甚至像密西西比這樣一個不公正的狂熱情緒使人透不過氣來的地方也會變成一塊自由和公正的綠洲；

我夢寐以求地希望，我的四個孩子生活的這個國家，有一天將不再根據他們的膚色，而是根據他們的品德來評定他們的為人。

這是20世紀最為驚心動魄的聲音之一，穿過近半個世紀的時光隧道，我們仍然能夠感到其中所擔當的巨大責任。

《我有一個夢想》這個著名的演講，讓眾多的美國黑人看到了屬於他們自己的曙光，看到自己與白人一起平等生活的美好時光，雖然馬丁·路德·金恩在自己還未看到真正屬於黑人的曙光時被人暗害，但在他的生前做的無數次演講，激發了黑人的信心，透過自己一點一滴的行動，改變著黑人的命運，體現出他的一生給人類社會帶來的價值。

心理透視

　　馬丁·路德·金恩的故事告訴我們要敢於擔當並且為之奉獻，我們的人生就會充滿價值和意義。擔當具體表現為在大災大難面前的一種無所畏懼的精神面貌，一種敢為人先的無私奉獻和犧牲精神，一種在困難和挫折面前不推卸、不後退的責任意識。

　　馬丁·路德·金恩這種無私奉獻和犧牲的行為稱為利他行為，利他行為是無個人動機，不期望任何回報地幫助他人。在動物界，從螞蟻、野兔到狒狒等靈長類動物，都有以自我犧牲換取其他個體與群體生存機會的本能。這種犧牲自己、保全種群的行為可能是由基因決定的。與之同理，馬丁·路德·金恩同為一名黑人，自然願意為了保護黑人的權利奮鬥。

　　另外，當時美國社會對黑人的歧視、壓迫，強烈地激發了馬丁·路德·金恩的道德義務感。追求個人平等、全部黑人平等的權益，作為自身的一種義務和責任。他認為只有身體力行地去抗爭、去爭取，才能獲得平等。每當遇到這種對黑人歧視、不平等的事件，就能激發他的責任意識。

　　還有，馬丁·路德·金恩主動擔當幫助黑人同胞的責任，與馬丁·路德·金恩的個人品質有關。有研究發現，主動幫助他人的品質特徵有：自認為具有同情心、相信世界是公平的、具有社會責任感等。我們也可從上面的故事中看出，馬丁·路德·金恩是一個仁慈、助人、慷慨的利他主義者，這些人格特徵就促使他身體力行地幫助受苦受難的黑人兄弟。

生活魔方

　　愛因斯坦曾說過：「我們一來到世間，社會就在我們面前樹起了一個巨大的問號，你怎樣度過自己的一生？我從來不把安逸和享樂看作是生活目的本身。」所以，愛因斯坦的一生是充實、奮鬥、成功的一生。那麼，該從哪些方面培養我們的擔當意識呢？

主動承擔責任

一個人要選擇一項自己所熱愛的事業，並全身心地投入，做到勇敢和負責才能真正掌握自己的命運。以主人翁的心態對待你的學習和事業，你的學習、工作自然而然就能做得很好。無論責任多大，都不要害怕承擔責任，要給自己制定目標。

對結果負責

對結果負責的人，是對自己的行為產生的結果負責，做事能夠盡善盡美，確保工作結果的高質量。

沒有任何藉口

藉口，是侵蝕責任感的毒藥。許多藉口總是「不」「不是」「沒有」，與「我」緊密聯繫在一起，這些話的言外之意就是「這事與我無關」，不願承擔責任，把本應該自己承擔的責任推卸給別人。另外，藉口容易讓人養成懶惰的壞習慣。尋找藉口就是向懶惰低頭、向怯懦投降。

從細節處做起

擔當的美德由許多細節處構成，所以擔當的意識就從小事上做起。對結果負責到底，要經常自我反省，爭取做到最好等。另外，做事之前做好準備和計劃，做事做到底，不半途而廢。

瞭解父母的憂慮和難處

可適當地瞭解父母的一些憂慮和難處。提出一些問題，思考家庭生活的艱辛。感受到家庭的美滿幸福，要靠爸爸媽媽和自己的共同參與，進而增強對家庭的責任感。

做事情要有始有終

男孩們，你們好奇心強，什麼都想去摸摸、試試，但是隨意性很強，做事總是虎頭蛇尾或有頭無尾。所以交給你們做的事情，哪怕是很小的事情，都要要求爸爸媽媽檢查、督促以及對結果進行評價，以便培養自己持之以恆、認真負責的好習慣。

主動學習模範前輩人物

人們都有嚮往、追求理想人格的心理特點。人們可以透過對榜樣的觀察，學到新的行為。要塑造理想人格，養成高度的責任心，要「見賢思齊」，積極主動地學習模範前輩人物，用他們的優良品質和高尚行為來激勵、感化自己，引導自己積極向上。康有為說：「堯何人也，舜何人也，有為者當如是。」所有的孩子應當有這樣的理想與追求。

心理驛站

社會促進，也稱社會助長，指個體完成某種活動時，由於他人在場或與他人一起活動而造成行為效率提高的現象。最早用科學的方法研究社會促進的心理學家是特里普里特，他透過實驗研究發現，青少年騎自行車，在獨自、有人跑步陪伴、競賽三種情境中，競賽時的速度最快。這也是歷史上第一個嚴格的社會心理學實驗。20世紀20年代，實驗社會心理學的創始人 F. H. 奧爾波特在哈佛大學領導了一系列有關他人在場對個體績效影響的研究，並最終提出了社會促進的概念。

社會促進包括兩種不同的效應：一個是結伴效應，指的是在結伴活動中，個體會感到某種社會比較的壓力，從而提高工作或活動效率。另一種是觀眾效應，指的是個體從事活動時，是否有觀眾在場，觀眾多少及觀眾的表現對其活動效率有明顯的影響。一方面當個人活動不熟練或自我要求過高時，觀眾會產生社會抑制，降低活動效率；另一方面當個體所從事的活動本來就是自己的強勢或自我要求正常發揮時，則會強化其活動效率。

心靈雞湯

人生，就像沙漠中的仙人掌、戈壁灘裡的白楊，它們活著並不單單是為了經歷磨難，還不得不學會承擔。正是這份勇於擔當，讓它們百折不撓，讓它們在惡劣的環境中欣欣向榮地生長。正是擔當，讓它們百煉成鋼，讓它們越過一次又一次的雪雨風霜。站在靜謐的夜空下，無需踮起腳尖，只要稍稍回望，你便會發現：擔當，真的很美。

小小男子漢，責任肩上擔

責任通常是指分內應做的事，如職責、崗位責任等，並指沒有做好自己工作，而應承擔的不利後果或強制性義務。責任的存在，是上天留給世人的一種考驗，許多人通不過這場考驗，逃匿了。許多人承受了，自己戴上了荊冠。逃匿的人隨著時間消逝了，沒有在世界上留下一點痕跡。承受的人也會消逝，但他們仍然活著，強烈的責任心使他們永垂不朽。

尿童于連

去歐洲旅遊的人，一到比利時首都布魯塞爾，往往會被引到一個巷道內，那裡有一個光屁股的小男孩銅像，正捏著「小尿壺」在那裡肆無忌憚、暢快淋漓地表演——撒尿！那一道水的弧線顯得分外耀眼。這個小傢夥就是名滿天下的小尿童：于連。

小尿童的雕像很小，只有 50 公分左右的高度，但這小小的雕塑作品名氣很大。平時，從小于連「小尿壺」裡流出來的是可以直接飲用的自來水。到了節日，當地人會換上啤酒、香檳之類的飲料，供參加慶賀活動的人們飲用。當然，小于連也不是常年光著屁股，從 1696 年荷蘭總督贈送給小于連第一套禮服算起，300 多年來，各個國家的領導人來訪，都要給小于連穿上一件本國的民族服裝，這已成為來訪的國家元首和領導人的重要外交禮節之一。到目前為止，小于連擁有各個國家、各種款式的民族服裝 600 多套。這個小于連可以在布魯塞爾開個世界各國服裝博物館了。

這個小于連為什麼幾百年來受到世界各國人民的如此喜愛？這裡有個流傳很廣的故事。相傳 15 世紀，西班牙人入侵比利時，占領軍撤離時準備炸

毀這座城市。點燃的導火索在咻咻地冒著火星，危急關頭，小于連正好路過此地，一泡尿將導火索澆滅，化險為夷，全城人得救了。劫後的布魯塞爾市民為了感謝和紀念這位小英雄的壯舉，於1619年請著名雕塑家杜格斯製作了這尊銅像，並封小于連為「布魯塞爾第一公民」。

狄更斯說：「人能盡自己的責任，就可以感覺到好像吃梨喝蜜似的，把人生這杯苦酒的滋味給抵消了。」所以，擔負責任不是一件痛苦的事情，勇於擔當是人生甜蜜、幸福、快樂的事情。逃避責任的生活，是貧血的生活。

心理透視

尿童于連的故事告訴我們，負責任不僅體現在那些有準備的事情上，而且還體現在危急時刻的隨機應變，這就要求時刻有一種責任意識。也許我們都是普通的一員，或者年齡還不夠大，思想還不夠成熟，但是我們都要言而有信，對自己的行為負責，同時讓責任意識成為一種自動的思維，最終我們就會收穫「負責任」這一非凡的美德。

成功的道路上，責任比能力更重要！能力或許可以讓你勝任工作，責任卻可以讓人創造奇蹟。悲劇的發生不是缺乏能力，而是喪失了責任心：一顆道釘顛覆一列火車，一個煙頭毀掉一片森林，一次決策失誤使國家損失百千萬。

在我們的生活中，對責任的理解通常可以分為兩層意義：一是指分內應做的事，如職責、崗位責任等；二是指沒有做好自己工作而應承擔的不利後果或強制性義務。責任不僅僅是一種任務，而且是一種使命。懷著一顆崇敬的心，認真負責。責任彰顯男兒英豪，創造成功。

首先，肩負責任、履行諾言體現了男子漢的大氣。鏗鏘少年，言而有信，一言既出，駟馬難追，使我們成為落落大方的君子。想像一下，我們擔憂、畏懼某種後果，畏畏縮縮、優柔寡斷不敢做決定，周圍的人願意和這樣的人交往嗎？諸葛亮臨危受命，慷慨陳詞，輔佐幼主，蜀國命運身上肩，是何等的大氣，這才是君子；桃園下的結義、蘇武的北海牧羊……這些，都顯示出了男兒的凜然正氣。

其次，肩負責任是創造成功奇蹟的必要條件。錢學森把責任放在肩上，不畏敵人的千般阻撓，為導彈事業做出傑出貢獻；鄧稼先「核彈之父」、東方紅衛星、神舟系列飛船、空間站……這些奇蹟，是科學家肩負責任，克服萬般苦難，取得輝煌的成就。

而學生的責任呢？好好學習、孝敬父母、尊敬老師，遠遠不止這些。我們同樣也是一位社會公民。責任是心中樹立道德觀，用正確的道德觀來判斷身邊的萬物，做出正確的選擇；責任不光是做分內的事情，愛同樣也是一種責任，為自己所愛的人和愛自己的人作出奉獻，也是一種責任！

生活魔方

林肯曾經說過，每個人都應該有這樣的信心：人所能負的責任，我必能負；人所不能負的責任，我亦能負。林肯因此擁有了成功的人生，成為美國的第十六任總統。那麼，從現在開始，我們一起培養承擔責任的美好品德吧！

從身邊的「小事」做起，持之以恆

葉聖陶爺爺曾經說：「人有兩件寶：雙手和大腦。雙手會勞動，大腦會思考。靠天、靠地、靠父母，不算是好漢。」葉爺爺告誡我們：我們擁有一雙勤勞的雙手，很多事情我們可以獨立完成，不能依賴父母。自己的事，自己做。獨立洗衣、吃飯、洗臉、洗毛巾、穿衣服等等，從生活中的點滴小事做起，不僅鍛鍊個人的勤勞，而且從小養成對自己的事情負責的好習慣，才能成為別人稱讚的孩子。

另外，我們還可以做一些力所能及的家務事，放學後掃一下地，抹一下桌椅，澆花、餵小貓、小狗，爸爸媽媽洗腳時遞上拖鞋，爺爺奶奶吃飯時給他們添下飯……承擔一些我們可以完成的事情，不僅表達出了心中對家人的愛，更讓家人愛我們。

需主動培養責任意識

作為孩子或者學生，我們不僅要根據父母、老師的要求去做事情，而且我們要主動地完成一些自己力所能及的事情。不需要別人的提醒，為爸爸主

動端上一杯熱茶；學習不是要我學，而是我要學。這種主動性，就反映出較高的責任意識，美好的生活總是光顧擁有主動性的人。

信守諾言

雖然我們很小，但是無論許出了什麼樣的諾言，都要盡力實現。事情沒有大小，答應同學的事、給同伴的承諾，就一定要做到，絕不能反悔。

承擔後果

第一次單獨做事情，結果也許不令人滿意。自己熱一杯牛奶，或許灑了，我們可以選擇少喝甚至不喝；收拾桌子時打碎了碗，不小心手劃破了、出血了，我們絕不掉眼淚；說大話，被同伴嘲笑，也不能酸鼻子。因為，在承擔這些後果的過程中，會逐漸明白，只有經歷了這些，我們才能成長為一名合格的小小男子漢。

對自己有信心

在獨立做事時，常常心懷美好的願望，事情的結果也許往往與預期反差很大：我們會不知所措，叫喊、發脾氣。但之後呢，我們不能氣餒、沮喪，打翻熱牛奶的杯子、打翻碗筷、劃破手指……這些都是一時的，要堅信只要能挺過艱難的第一次，我們會做得很棒。擁有一顆平靜的心，相信自己，一定會戰勝困難。

心理驛站

1964 年 3 月 13 日凌晨 3 時 20 分，在美國紐約郊外某公寓前，一位叫朱諾比白的年輕女子在回家的路上遇到歹徒。當她絕望地喊叫：「有人要殺人啦！救命！救命！」聽到喊叫聲，附近住戶亮起了燈，打開了窗戶，兇手嚇跑了。當一切恢復平靜後，兇手返回，她又叫喊，附近的住戶又亮燈，兇手又逃跑了，兇手前後返回三次，最終將她殺死在樓道中。在這個過程中，儘管她大聲呼救、儘管至少有 38 位鄰居到窗前觀看，但無一人來救她，甚至無一人打電話報警。眾鄰居相互推卸責任，認為別人會報警，最終釀成了悲劇。

帥氣男孩修煉手冊
第四篇 鏗鏘少年，肩擔重任

　　兩位年輕的心理學家約翰·巴利和比博·拉塔內對旁觀者的無動於衷、見死不救作出瞭解釋和驗證。他們讓 72 名不知真相的參與者分別以一對一和四對一的方式，與一假扮的癲癇病患者利用對講機通話。他們要研究的是：在交談過程中，當那個假病人大呼救命時，72 名不知真相的參與者所作出的選擇。事後的統計顯示：在一對一通話的那些組，有 85% 的人衝出工作間去報告有人發病；而在有 4 個人同時聽到假病人呼救的那些組，只有 31% 的人採取了行動！旁觀者效應或者責任分散是釀成悲劇的原因。由此，我們可以看出責任分散、相互推卸責任，帶來的危害是多麼巨大。

心靈雞湯

　　能力，足可以使你勝任工作，但在平凡的崗位上，默默無聞；而責任，卻可以使你在平凡的崗位上成功，甚至創造奇蹟。成功之花需要每一滴責任之水的灌溉；成功的道路，需要每一塊責任之石的鋪墊。

滴水之恩，當湧泉相報

　　感恩，是結草啣環，是滴水之恩湧泉相報；感恩，是一種美德，是一種境界；感恩，是值得你用一生去珍視的一次愛的教育；感恩，不是為求得心理平衡的片刻答謝，而是發自內心的、無言的永恆回報。學會感恩，不忘他人恩情縈繞心間；學會感恩，將無以為報的點滴永遠銘記於心；學會感恩，擦亮蒙塵的心靈而不致麻木；學會感恩，消解內心積怨，滌盪世間一切塵埃。感恩，讓生活充滿陽光，讓世界充滿溫馨！

麵包裡的銀幣

　　在一個鬧饑荒的城市，一個家境殷實而且心地善良的麵包師把城裡最窮的幾十個孩子聚集到一塊，然後拿出一個盛有麵包的籃子，對他們說：「這個籃子裡的麵包你們一人一個。在上帝帶來好光景以前，你們每天都可以來拿一個麵包。」

瞬間，這些饑餓的孩子一窩蜂地湧了上來，他們圍著籃子推來擠去大聲叫嚷著，誰都想拿到最大的麵包。當他們每人都拿到了麵包後，竟然沒有一個人向這位好心的麵包師說聲謝謝，就走了。

　　但是有一個叫伊娃的小女孩卻例外，她既沒有同大家一起吵鬧，也沒有與其他人爭搶。她只是謙讓地站在一步以外，等別的孩子都拿到以後，才把剩在籃子裡最小的一個麵包拿起來。她並沒有急於離去，而是向麵包師表示了感謝，並親吻了麵包師的手之後才向家走去。

　　第二天，麵包師又把盛麵包的籃子放到了孩子們的面前，其他孩子依舊如昨日一樣瘋搶著，羞怯、可憐的伊娃只得到一個比頭一天還小一半的麵包。當她回家以後，媽媽切開麵包，許多嶄新、發亮的銀幣掉了出來。

　　媽媽驚奇地叫道：「立即把錢送回去，一定是揉麵的時候不小心揉進去的。趕快去，伊娃，趕快去！」當伊娃把媽媽的話告訴麵包師的時候，麵包師面露慈愛地說：「不，我的孩子，這沒有錯。是我把銀幣放進小麵包裡的，我要獎勵你。願你永遠保持現在這樣一顆感恩的心。回家去吧，告訴你媽媽這些錢是你的了。」

　　她激動地跑回了家，告訴了媽媽這個令人興奮的消息，這是她的感恩之心得到的回報。

　　男孩們，人生道路，曲折坎坷，不知有多少艱難險阻，甚至遭遇挫折和失敗。在危困時刻，有人向你伸出溫暖的雙手，解除生活的困頓；有人為你指點迷津，讓你明確前進的方向；甚至有人用肩膀、身軀把你擎起來，讓你攀上人生的高峰……最終，你戰勝了苦難，揚帆遠航，駛向光明幸福的彼岸，你能不心存感激，能不思回報嗎？

　　感恩是精神上的寶藏，是靈魂上的健康，沒有感恩就沒有真正的美德。羊尚有跪乳之恩，何況人哉！生活需要一顆感恩的心來創造，男孩們，讓我們飲水思源，讓我們以湧泉報滴水之恩，讓我們「淡看世事去如煙，銘記恩情存如血」！

心理透視

　　感恩是一束金色的陽光，能融化堅冰，滋養生活。讓我們分享感恩、傳遞感恩，讓感恩的光芒普照！正如「老吾老以及人之老，幼吾幼以及人之幼」，感恩同樣需要傳遞。我們不僅要「銘記恩情存如血」「滴水之恩湧泉相報」，我們更要以感恩的心幫助那些需要幫助的人。正如伯克維茲所說，我們社會中不僅存在交互性規範，也存在社會責任的規範。社會責任的規範是指，社會期待我們幫助需要幫助的人，正如父母應當撫養孩子，老師應當愛護學生，別人遇到困難時應當提供幫助等。

　　感恩是一種態度，是一種品德，更是對幫助你的人的尊重。試想，當你幫助了別人之後，別人哪怕只是一聲「謝謝」，你這時別提有多麼的高興，因為你的付出得到了別人的承認、得到了別人的認可。那麼咱們換個角度想想，知恩不圖報，不存感恩之心，那幫助你的人，你的恩人會有多麼地傷心！按照社會交換理論的觀點，助人行為是一個雙向的過程，即幫助別人的行為，也會給幫助者回饋積極的自我觀念。如果面對的是一個毫無恩情的、淡漠的忘恩之人，你還會幫他嗎？你難道不感到心寒嗎？如果缺乏感恩之心，豈不導致人際關係的冷淡？

　　在西方學者對老年人群體所做的一項調查顯示，在各類最常出現在人們身上的積極情感中，感恩排名第三。在對憂鬱症患者的研究中發現，感恩同憂鬱水準有著負相關的關係。換句話說，在憂鬱症患者中，感恩水準越高的個體，其憂鬱水準就越低。

　　另有研究證明，感恩可以幫助個體在遭遇生活中的不幸時度過艱難的日子，克服負面情緒，幫助個體遠離心理疾患的侵襲。比如，Fredrickson 等學者在美國「9·11 事件」後做的科學研究結果顯示，在那個特殊的時期，在群眾表達最多的情感排位中，第一是憐憫，第二就是感恩。在這類危機時刻，感恩可以作為應對壓力、幫助個體在創傷後成長的干預手段。西方的一系列研究都已經證明，感恩可以幫助個體應對生命中突然遇到的無妄之災，幫助個體面對生死攸關的病患，也可以幫助個體度過摯愛親朋亡故的悲傷時刻。

為什麼感恩的情感會有如此大的功效呢？

首先，感恩是一種積極的情感，它體現了個體對人生的態度——將人生視為命運的一種饋贈。積極情感有助於個體維持良好的心理健康狀態，對積極情感的體驗可以幫助個體拓寬自己的注意力和認知範圍，不會僅僅侷限於負面經驗。這會使個體以一種「螺旋式上升」的方式逐漸改善自身應對壓力的能力以及樂觀性的機能。所以，經常經歷和表達感恩的情感可以幫助個體從自我和社會中的人際交往兩個方面建立充足的資源，以應對日常壓力和心理疾患。

其次，科學研究證明，感恩可以視為個體所擁有的一種特性。這種特性的存在可以降低個體罹患各類心理疾病的危險性。這裡所指的心理疾患包括由內因引起的，比如憂鬱和焦慮；以及由外因引起的，比如濫服藥物等。還有研究表明，感恩的情感甚至可以在生理上增強心血管功能和免疫系統功能。於是，這類自發產生的積極情緒如果具有連貫性，就會使個體的情緒管理能力得到長久性的改善，從而促進心理健康水準的提升。

另外，在一些研究中，學者們提出了「生理一致性」的概念。這個概念指的是人生理上「擺盪」系統的和諧一致，包括心率、呼吸、血壓、腦電波以及消化系統的節律等等。這種整體節律的和諧對個體的心理健康水準有所貢獻。而感恩的經驗，正是可以促使個體獲得這種「生理一致性」的方式。

生活魔方

從成長的角度來看，心理學家們普遍認同這樣一個規律：心理改變，態度就跟著改變；態度改變，習慣就跟著改變；習慣改變，性格就跟著改變；性格改變，人生就跟著改變。擁有感恩的心將改變我們的態度，而感恩的態度將帶動我們的習慣改變，良好的習慣將昇華我們的性格，健康的性格收穫燦爛的人生！學會感恩，擁有感恩之心，讓我們從現在做起！

感恩從身邊做起

感念父母生我養我之恩；感念師長啟我懵懂、導我入真理之恩。父母生我養我之恩豈能忘？老師傳道授業解惑之恩豈能忘？進行「感恩探訪」，在

特定節日，比如教師節等，給老師、父母或者任何一個你應該感激的人寫一封感謝信，然後探訪他們。

感恩從小事做起

小事堅持做，持之以恆，養成良好的習慣，成為擁有感恩之心的人。寫「感恩日誌」，進行「感恩練習」，記下每日感恩的情況，如那些你認為值得感恩的人或事。天長日久，你就會覺得世界是充滿感動的、值得感恩的。有意識地做一些家務勞動，培養獨立生活能力、自理能力與做事能力；積極參與社區服務活動，如參加幫助孤寡老人和福利院孩子等公益性活動，要樂於助人、關心他人。

情感體驗法

滴水之恩當湧泉相報，體驗他人的情緒狀態，這樣才能做到雪中送炭而非錦上添花。因此，透過情感體驗法，對這種情緒狀態做出共鳴反應。考慮他人的想法和情感，並想像自己在這樣的情形下的感受，並透過實際的活動加強體驗。如透過「學做小主人」活動，體驗為客人服務所帶來的愉快體驗；透過「小鬼當家」活動，感受父母做家務的辛苦，從而珍惜父母的勞動成果，感謝父母對自己的關心。

榜樣示範作用

積極的榜樣對行為的塑造具有良好的引導作用，感恩的榜樣對我們感恩之心的培養是具有積極影響的。比如，閱讀「黃香替母暖被」等有感恩教育意義的故事，背誦感恩的詩歌如《遊子吟》《一株紫丁香》等，觀看「感動中國十大人物」等節目。

心理驛站

有心理學家在 2008 年首次探討了青少年感恩與幸福程度的關係。實驗要求青少年每日寫感恩日誌，即記錄每日的感恩情況。結果發現，處於幸福狀態下的學生每日報告的感恩情況顯著多於未處於幸福狀態下的青少年，並且對下一週進行預期時也表現出更高的樂觀水準。

還有心理學家發現，感恩練習能增進積極情感。實驗要求一個組的青少年每週記錄 5 件他們覺得值得感恩的事情，連續 10 週；另外兩個組則分別記錄每天的麻煩事或是中性的生活事件。所有人都必須對每週生活整體感受、對下一週的預期以及人際關係進行評估。結果記錄感恩事件的那個組對生活普遍感覺更良好，對未來一週的預期更樂觀，與他人的關係感覺更密切，表現出更多的積極情感和較少的消極情感。

心靈雞湯

我來自偶然 / 像一顆塵土，有誰看出 / 我的脆弱，我來自何方 / 我情歸何處，誰在 / 下一刻 / 呼喚我，天地雖寬 / 這條路卻難走

我看遍這人間 / 坎坷辛苦，我還有多少愛 / 我還有多少淚

要蒼天知道 / 我不認輸，感恩的心 / 感謝有你，伴我一生 / 讓我有勇氣做我自己，感恩的心 / 感謝命運，花開花落 / 我一樣會珍惜

我來自偶然 / 像一顆塵土，有誰看出 / 我的脆弱，我來自何方 / 我情歸何處，誰在 / 下一刻 / 呼喚我，天地雖寬 / 這條路卻難走

我看遍這人間 / 坎坷辛苦，我還有多少愛 / 我還有多少淚

要蒼天知道 / 我不認輸，感恩的心 / 感謝有你，伴我一生 / 讓我有勇氣做我自己，感恩的心 / 感謝命運，花開花落 / 我一樣會珍惜

感恩的心 / 感謝有你，伴我一生 / 讓我有勇氣做我自己，感恩的心 / 感謝命運，花開花落 / 我一樣會珍惜讓我們一起唱響感恩的讚歌！

▍有志者事竟成

有志向的人，做事一定會成功。人生要自己去拚搏、奮鬥，在風雨中百折不撓、勇往直前，在人生的每個驛站上留下一段段不悔的回憶。流淚不是失落，徘徊不是迷惑，成功屬於那些堅持不懈、執著追求夢想而又異常自信的人。苦心修行，必受命運垂青。

愛迪生尋找燈絲

1821年，英國的科學家戴維和法拉第就發明了一種叫「電弧燈」的電燈。這種電燈用炭棒作燈絲，它雖然能發出亮光，但是光線刺眼，耗電量大，壽命也不長，因此很不實用。

「電弧燈不實用，我一定要發明一種燈光柔和的電燈，讓千家萬戶都用得上。」愛迪生暗下決心。

於是，他開始尋找作為燈絲的材料：用傳統的炭條作燈絲，一通電燈絲就斷了。用釘、鉻等金屬作燈絲，通電後，亮了片刻就被燒斷。用白金絲作燈絲，效果也不理想。就這樣，愛迪生試驗了1600多種材料。一次次試驗，一次次失敗，很多專家都認為電燈的前途黯淡。英國一些著名專家甚至譏諷愛迪生的研究是「毫無意義的」。一些記者也報導：「愛迪生的理想已成泡影。」

面對失敗、面對有些人的冷嘲熱諷，愛迪生沒有退卻。他明白，每一次的失敗，意味著又向成功走近了一步。

一次，愛迪生的老朋友麥肯基來看望他。愛迪生望著麥肯基說話時一晃一晃的長鬍鬚，突然眼睛一亮，說：「鬍子先生，我要用您的胡子。」麥肯基剪下一綹交給愛迪生。愛迪生滿懷信心地挑選了幾根粗鬍子，進行炭化處理，然後裝在燈泡裡。可令人遺憾的是，試驗結果也不理想。

為這位慈祥的老人送行時，他下意識地幫老人拉平身上穿的棉線外套。突然，他又喊道：「棉線，為什麼不試下棉線呢？」

愛迪生把棉線放在U形密閉坩堝裡，用高溫處理。愛迪生用鑷子夾住炭化棉線。準備將它裝在燈泡內。可由於炭化棉線又細又脆，加上愛迪生過於緊張，拿鑷子的手微微顫抖，因此棉線被夾斷了。最後，費了九牛二虎之力，愛迪生才把一根炭化棉線裝進了燈泡。

此時，夜幕降臨了，愛迪生的助手把燈泡裡的空氣抽走，並將燈泡安在燈座上，一切工作就緒，大家靜靜地等待著結果。接通電源，燈泡發出金黃

色的光輝，把整個實驗室照得通亮。13 個月的艱苦奮鬥，試用了 6000 多種材料，試驗了 7000 多次，終於有了突破性的進展。

「45 小時，還是太短了，必須把它的壽命延長到幾百小時，甚至幾千小時。」愛迪生沒有陶醉於成功的喜悅之中，而是給自己提出更高的要求。

一天，天氣悶熱，他順手取來桌面上的竹扇面，一邊扇著，一邊考慮著問題。「也許竹絲炭化後效果更好。」愛迪生簡直是見到什麼東西都想試一試。試驗結果表明，用竹絲作燈絲效果很好，燈絲耐用，燈泡可亮 1200 小時。

經過進一步試驗，愛迪生發現用炭化後的日本竹絲作燈絲效果最好。於是，他開始大批量生產電燈。他把生產的第一批燈泡安裝在「佳內特號」考察船上，以便考察人員有更多的工作時間。此後，電燈開始進入尋常百姓家。

後來，人們便一直使用這種用竹絲作燈絲的燈泡。幾十年後，又對它進行了改進，即用鎢絲作燈絲，並在燈泡內充入惰性氣體氮或氬。這樣，燈泡的壽命又延長了許多。

心理透視

男孩們，成長的過程，荊棘與鮮花相伴，歡笑與淚水並存。總有一些荊棘的針刺讓你忘記了鮮花的芬芳；總有一些淚水讓你不敢追求成功的歡笑。考試成績下降，自信心一落千丈。挨罵了、受批評了……男孩們，在這個世界上，比大海更廣闊的是天空，比天空更廣闊的是男人的胸懷。一點小小的挫折算得了什麼，擦乾眼淚，不要問為什麼，一路拚搏。

執著是成就夢想的翅膀，它的作用主要體現在兩個方面。一是自信。執著的人，是相信自己的人，堅信自己的信仰不會出錯。正如愛迪生，他相信會有一種物質可以作燈絲，花費了一生都是為之探索。當前的失敗雖然讓自己處境很困窘，但難不住他不斷嘗試的決心。他相信自己，探索一定會有所收穫的。心理學家發現，自信的人不容易從眾，即使自己的觀點和大部分人的不一樣，仍會堅持；相反，那些從眾的人，不自信，在別人的觀點中迷失了自我。二是堅持對信仰的態度不改變。13 個月的艱苦奮鬥，試用了 6000 多種材料，試驗了 7000 多次，只讓電燈亮了 45 個小時。但是，在這一段段

灰暗的日子裡，對夢想執著地追求，給了他繼續嘗試下去的勇氣。其他的批評家，並沒有讓愛迪生的腳步停下來，而是讓他變得更加堅強。正如心理學家霍夫蘭的「態度改變理論」認為，態度的改變主要受資訊傳達者和資訊接受者特點的作用。即使是其他頂級專家的質疑，也沒有使霍金丟掉信仰，只會使他的理論更加完善。也正如霍金很自信，並沒使他在其他眾多的假說理論中迷失自己，相反，把別人的假說作為思維的突破口，成就了一生的輝煌。

生活魔方

牛頓說：「無論做什麼事情，只要肯努力奮鬥，是沒有不成功的。」他一生孜孜不倦地探索，開創了一個科學的時代。執著如此重要，我們該從哪些方面來培養我們的執著呢？

樹立遠大的理想

理想是一盞燈，照亮前行的路；理想是一條鞭子，鞭策著我們前行。有理想，才擁有前進的動力。在如歌的少年時代，應該做一個有理想、有志氣的鏗鏘少年。不妨花一點時間，思索一下我想做什麼，想成為一個什麼樣的人，這就是你的理想。不妨把你的想法寫下來，與爸爸媽媽分享，讓他們也擁有你的理想的喜悅，成為理想的合作人。

要堅持理想

以前哲人這樣說過：有志之人立長志，無志之人常立志。作為一名有志氣的男子漢，人生的理想應該只有一個，一生都在為之奮鬥。理想不能常常更換，不能今天我想做宇航員，飛出地球；明天我又想做科學家探索世界的奧祕；後天……這樣的人，終將一事無成。將理想寫下來，掛在房間最醒目的位置，讓它時時刻刻勉勵自己。

要堅持奮鬥

拜倫說：「無論頭上是怎樣的天空，我準備承受任何風暴。」在順境中，不忘記努力；在逆境中，更應該堅持奮鬥。成功如栽花，需要的是一個過程，不是一天兩天的努力工作，而是在很長很長的時間裡，去培育、用心澆灌。

也許你奮鬥了很久,還沒有看到成功的影子,不用心急,成功或許會在下一個路口來臨。只要我們堅持努力,隨時都能把握機遇的來臨。

為自己喝彩

夢想也許很遙遠,也許隱藏在身邊,執著的人始終如一在努力追求著。意志消沉了,站在鏡子前,大聲地對自己說:「你真棒!你會堅持下去的。」或者寫一封信鼓勵自己,找一個知心的夥伴傾訴內心的感受。

尋找夢想的合作者

找一個志同道合的夥伴,一起分享對夢想的憧憬;奮鬥過程中相互監督、相互合作,分享一個個小目標實現的喜悅。一時的失落,大家相互鼓勵,共同前行。

尋找夢想的競爭者

競爭者的出現,會讓你有一種較強的時間緊迫感,有壓力才有動力。大家不妨一起賽跑,看誰先跑到終點。

心理驛站

英國的最新研究顯示,童年時志向遠大的人在成年後更易於取得事業上的成功。據稱,這項持續了三十多年的研究對上萬名英國人進行了追蹤調查,將被調查者在 11 歲時寫的展望個人未來發展的短文,與其在 42 歲時的實際工作情況進行比較分析,結果顯示,在 11 歲時便有專業技術職業抱負(如醫生、律師、建築師等)的孩子當中,50%的人 42 歲時在從事這類職業;在沒有類似職業抱負的孩子中,這個比例僅為 29%;即使被調查者並沒有從事當初夢想的職業,童年時志向遠大的孩子在其他專業技術職業中的成功比率也遠高於一般水準。

志向作為人生的一種美好願景,能夠指引人生的方向,也能夠在遭遇坎坷和挫折的時候幫助人們堅持不懈。對於兒童來說,重點並不在於志向的內容,比如說,很多小學生的理想都是要成為「科學家」「發明家」或「作家」,但在到了高中和大學後,隨著成熟度的增加、知識面的增多,他們的理想和

志向也變得愈發具體和現實。重要的是，有志向的孩子更容易得到老師和家長的肯定和鼓勵，而這種與長輩之間的良性互動會有效地增強兒童的自信和自尊。久而久之，「前程遠大」的自我意識將被納入到這些孩子的自我概念中，幫助他們在學業上做出更高遠的選擇，也幫助他們在遭遇挫折時進行積極應對。

心靈雞湯

　　想像你自己對困難作出的反應，不是逃避或繞開它們，而是面對它們，同它們打交道，以一種進取的和明智的方式同它們奮鬥。

——馬克斯威爾·馬爾茲

第五篇 立鴻鵠志，行堅定事

　　堅定的意志就是為自己樹立高遠的志向和宏大的夢想，以此作為自己在一定階段的終點站。但是通往終點站的道路是漫長的，困難是普遍存在的，沿途也常常會出現令人駐足不前的風景。擁有堅定意志的人會將漫長的道路分成不同的階段，克服自己的畏難情緒，時時清掃自己的壞情緒來減輕負擔，嚴格自律以不致分心忘記最終要到達的地方。經過這一路的跋涉，最終叩開了自己的夢想之門。

▍點亮迷霧中的燈塔

　　明確的目標是迷霧中的燈塔，指引我們前進的航向；明確的目標是行為的加油機，為我們加滿能量；明確的目標是我們抵禦風浪的帆，讓我們在挫折中仍然乘風破浪。明確的目標指引我們走向幸福、成功的人生的彼岸。

我必須成為總統

　　他出生在巴黎一個移民家庭，父親是匈牙利人，母親是法國人。他的名字帶有明顯的外國人的特徵，這使他從小就受到歧視和嘲笑。

帥氣男孩修煉手冊
第五篇 立鴻鵠志，行堅定事

　　10歲那年，他騎著山地車。幾個和他年齡相仿的孩子攔住他，奪過他的山地車，摔在地上，山地車被踐踏了足足10分鐘。

　　回家後，他哭喊著問父親：「為什麼我總是受欺負？」

　　父親幫他擦去淚水，問：「你反抗沒有？」他搖搖頭。

　　「為什麼不反抗？你應該勇敢地還擊。」

　　「他們一起來欺負我，說我是外來的兔崽子。」他委屈地說。

　　「外來的兔崽子又怎樣？別說騎山地車，就是總統也一樣可以當。」父親大聲說。

　　晚上，他在日記本裡寫下這樣一句話：不是我想成為總統，而是我必須成為總統！連他自己都覺得這個夢想很奢侈。

　　12歲時，父親失業了，家裡沒有電，他坐在煤油燈下苦讀。在他看來，讀書是改變現實的唯一辦法。然而，15歲那年，家裡實在拿不出錢來供他讀書。

　　他對父親說：「爸爸，我沒有什麼希望了。」

　　父親怒斥他：「不許你說這樣的話，你的未來還很長，你現在就絕望了、認輸了？這不是我想要的孩子。」

　　他說：「我不認輸，可是我有什麼辦法？」

　　「孩子，要改變現實，你就必須先勇敢面對現實。否則，你一輩子只能是這樣，貧困而可憐。」

他擦乾眼淚，有了新的開始。放羊、當樂隊號手、做泥瓦匠、糖廠工人。他飽嘗了生活的艱辛，他哭過、洩氣過，但是他沒有退縮過。在半工半讀的情況下，他考上了巴黎政治學院。

畢業後，他沒能進入政府部門。經過近十年的打拚，他和校友有了自己的公司。然而，在生意場上春風得意的他卻轉身去參加議員選舉。他拿出一個發黃的日記本，翻到其中一頁，對校友和董事們說：「你們看，這裡記載著我的夢想，它一直在我心裡，我要去實現它，請祝福我吧。」

從此，他走上了自己的從政之路。他的仕途並不平坦，遭遇到不少風波和危機，但他都挺了過來，從不曾言退。

在 2007 年 5 月 6 日舉行的法國總統選舉第二輪投票中，人民運動聯盟主席薩科齊勝出，當選新一任法國總統。

心理透視

薩科齊定下目標的時候，自己都覺得奢侈，但是不管條件如何艱難，他的心中從來沒有放棄過。所以他實現了看似不可能的目標，這個目標指引著他不斷奮鬥。男孩們，你的生活目標是什麼呢？

親愛的男孩，在你的心中是否有一個遠大的目標，也許現在看起來很遙遠，但你為這個目標做了什麼？也許你的目標看起來不是那麼遙遠，但只要是你喜歡的，就不要自怨自艾。如果還沒有明確的目標，那麼現在就開始思考，你想做什麼，你以後想成為什麼樣的人？

在 20 世紀 60 年代，美國曾經對 10000 名大學畢業生做了一次有關目標設定的調查。調查結果顯示：沒有目標的占 27%，有模糊目標的占 60%，有明確目標的只有 10%，而有非常明確的目標的更少，僅僅 3%。25 年後的跟蹤調查得出了清晰的結果——目標與個人成功是息息相關的。

那 27% 沒有目標的畢業生大都窮困潦倒，靠社會救濟勉強度日；而那 60% 有模糊目標的畢業生大多成為藍領階層，靠出賣體力和簡單重複的勞動

養家餬口；10% 有明確目標的畢業生成了白領階層、專業人士，經濟寬裕且仍在不斷地進步；3% 有非常明確的目標的畢業生成了各行業的頂尖人物。

真實的數據告訴我們，只有為自己樹立明確的目標才能使人生更加美好，更有成就。男孩，你還在猶豫什麼？為自己樹立起明確的目標吧。

但是制定目標的時候要注意，目標要精選。愛默森說過，生活中有件明智的事，就是精神集中；有一件壞事，就是精力渙散。為自己樹立一個明確的目標，並堅定地實施下去，是保證自己精神集中，避免精神渙散的重要方法，也是取得任何成就的必經之路。不停地變換著自己的任務目標，根本就沒有集中精力完成一件事情，到最後一個也沒有完成。沒有明確目標往往一事無成。

心有多寬，你的舞台就有多大。不要擔心自己的目標無法實現，學會將目標由遠及近進行劃分，比如想成為田徑世界冠軍，要有明確的績效目標，在某個時間內成績提高多少。最終目標是宏大的、引領方向的，而績效目標就是一個具體的、有明確衡量標準的目標。比如，在四個月把跑步成績提高 1 秒，這就是目標分解。績效目標還可進一步分解，比如，在第一個月內提高 0.03 秒等。逐步分解到現在，就是要加強訓練，開始行動。

當目標被清晰地分解了，目標的激勵作用就顯現出來了，當我們實現了一個目標的時候，我們就及時地得到了一個正面激勵，這對於培養我們挑戰目標的信心來說，作用是非常巨大的！

男孩們，你想做什麼呢？

生活魔方

男孩們，也許你現在生活無憂，也許每天忙於過多的課業，但不要忘了自己的遠大目標，那會成為你一直努力的指引，帶著你走向更展現自我價值的未來。

確定目標

男孩們，如果你已經有了明確的目標，並正在努力，那麼恭喜你，請直接看下面。如果你還沒有確定自己的長遠目標，那麼請拿出一張紙和一支筆，並將紙分成三列：

分析一下哪一個或者幾個你能夠較自信地實現？明確自己的目標。除了主要目標，還可以有輔助目標，如學習書法、樂器等，將愛好作為輔助目標。

| 你想成為什麼樣的人？
（想到多少寫多少）
1.＿＿＿＿＿＿
2.＿＿＿＿＿＿
3.＿＿＿＿＿＿
4.＿＿＿＿＿＿ | 成為這樣的人需要具備那些條件？
1.＿＿＿＿＿＿
2.＿＿＿＿＿＿
3.＿＿＿＿＿＿ | 你具備了那些，還要進行那些努力？
1. 已具備的＿＿＿＿
　　要努力的＿＿＿＿
2.＿＿＿＿＿＿
＿＿＿＿＿＿＿＿ |

將目標分階段

給自己制定長期目標、中期目標和短期目標。長期目標比如三年之後要考上重點中學；中期目標比如這一學期要爭取考進全班的前十名；短期目標比如今天要認真聽課、完成布置的作業外，自己再完成一定數量的習題。長期目標要概括，造成指引的作用；中期目標較長期目標要詳細一些；而短期目標較中期目標要更加明確、詳細。

制定的目標是可以評估的

一段時間過去之後，目標有沒有實現，實現得怎麼樣，是需要評估的。目標實現了就會鼓勵自己繼續制定更高的目標，目標沒有實現就需要反思原因並進行調整了。因此，對目標的評估對最終目標的實現是非常重要的。這就要求我們制定的目標是具體的、可以評估的。比如，只是籠統地告訴自己今天要好好學習，可是一天過去了你到底好好學習沒有？表現在哪裡？其實你可以在一天開始的時候，告訴自己，我今天要花多少時間來學習、讀多少頁書、做多少道習題，這樣一天結束的時候，這些任務的完成也就表明目標實現了。

巧用小提示

在早上或者頭天晚上給自己定下新一天目標的時候，自己心中是很明確的，但是可能會因為外來多種多樣的事件干擾，忘記了自己原初的目標。可以將自己的目標寫在便箋紙上，貼在書桌上或者自己很容易看到的地方，時時提醒自己別忘了最初的目標。

與同學互相監督

與同學或者好朋友共同制定計劃，可以相互借鑑並發現目標制定是否符合實際，這樣制定切實可行目標的能力就會越來越好。與同學互相監督和督促，確保目標的實現。

短期目標的制定要符合自己的實際

有的同學可能急於求成，要求自己在很短的時間內完成很多的任務，取得很大的成績，但是一口吃成個胖子是不可能的。目標必須要根據自己的實際情況來制定，比如，在練習長跑時，自己目前的狀態是繞著操場跑兩圈就已經是氣喘吁吁，上氣不接下氣了。那麼你要求自己在三天之內能夠輕鬆地繞著操場跑十圈就是不切實際了。你可以要求自己在未來的一個星期之內，透過體能鍛鍊，繞著操場跑兩圈變得很容易，不再那麼上氣不接下氣了。然後再一步一步地提高目標，一步一步地實現。直到最終目標的實現。

心理驛站

在社會心理學中，人們把行為反應的結果與預期目標完全相反的現象，稱為「飛去來器效應」，即「飛鏢效應」。

這好比用力把飛去來器往一個方向擲，結果它卻飛向了相反的方向。飛去來器為澳洲土著使用的一種拋出去又會重新回來的武器。此處借喻情緒逆反的心理現象，是前蘇聯心理學家納季控什維制首先提出的。

日常工作與生活中常會發生這種「飛去來器效應」。例如，在宣傳一種不能使人接受的觀點時，假如宣傳者對這種觀點做出肯定的評價並竭力說服聽眾接受，其結果反而使聽眾越來越反感，使聽眾的信念朝著宣傳的相反方

向發展，距離宣傳的觀點更遠，從而導致宣傳工作的徹底失敗。又如，為了把學習成績提升上去，有些學生拚命加班加點和開夜車、搞題海戰術、疲勞戰術，弄得整天頭昏腦脹的，毫無學習效率可言，結果考試成績適得其反，一敗塗地。

目標是我們行動反應後所要取得的東西，手段是我們實現目標的方式。目標與手段必須匹配，而且必須是最佳的匹配。上述幾例「飛去來器效應」事實上就出在當事人把目標與手段相分離，只是把注意力盯在要達到的目標上，而忽視了手段的擇優選取和最佳匹配的問題，以至手段與目標不匹配，因而引發了一系列中間反應，對實現目標起了干擾作用。

心靈雞湯

目標的堅定是性格中最必要的力量源泉之一，也是成功的利器之一。沒有它，天才也會在矛盾無定的迷徑中徒勞無功。

——查士德斐爾

▍一屋不掃何以掃天下

自律就是自我監督、自我約束。團體之中講究「無規矩不成方圓」，沒有規則與約束的團體就是什麼也幹不成的烏合之眾。沒有自律，目標無法達成，理想無法實現；沒有自律，美德無法弘揚，正義無法伸張。自律是嚴格要求自己，是傳統文化中強調的「慎獨」的品德。

書桌上的「早」字

魯迅13歲時，他的祖父因科場案被逮捕入獄，父親長期患病，家裡越來越窮，他經常到當鋪賣掉家裡值錢的東西，然後再在藥店給父親買藥。

有一次，父親病重，魯迅一大早就去當鋪和藥店，回來時老師已經開始上課了。老師看到他遲到了，就生氣地說：「十幾歲的學生，還睡懶覺，上課遲到。下次再遲到就別來了。」

帥氣男孩修煉手冊
第五篇 立鴻鵠志，行堅定事

　　魯迅聽了，點點頭，沒有為自己作任何辯解，低著頭默默回到自己的座位上。

　　第二天，他早早來到學校，在書桌右上角用刀刻了一個「早」字，心裡暗暗地許下諾言：以後一定要早起，不能再遲到了。

　　以後的日子裡，父親的病更重了，魯迅更頻繁地到當鋪去賣東西，然後到藥店去買藥，家裡很多活都落在了魯迅的肩上。

　　他每天天不亮就起床，料理好家裡的事情，然後再到當鋪和藥店，之後又急急忙忙地跑到私塾去上課。雖然家裡的負擔很重，可是他再也沒有遲到過。

　　後來父親去世了，魯迅繼續在三味書屋讀書，私塾裡的壽鏡吾老師，是一位方正、質樸和博學的人。老師的為人和治學精神，那個曾經讓魯迅留下深刻記憶的三味書屋和那個刻著「早」字的課桌，一直激勵著魯迅在人生路上繼續前進。

　　魯迅 17 歲時從三味書屋畢業，18 歲那年考入免費的江南水師學堂；後來又公費到日本留學，學習西醫。1906 年魯迅又放棄了醫學，開始從事文學創作，先後在北京大學、北京師範大學等學校教過課，成為中國新文學運動的倡導者。魯迅是中國文壇的一位巨人，他的著作全部收入《魯迅全集》，被譯成五十多種文字在世界上廣泛地傳播。

　　魯迅因為特殊情況而不是因為懶惰而遲到受到老師的責備，他並沒有為自己辯解，要求老師體諒並降低對自己的要求。反而，他只是更加嚴格地要

求自己，即使有特殊原因也不能遲到。能夠較好地約束自己的言行，是一項寶貴的品質。

心理透視

魯迅的故事告訴我們，做自己心靈的主人首先要學會自律，只有能夠自律的人才能實現理想，成就事業。

自律不僅僅是一種自我約束，更是一種對自己的誠信。我們常常給自己設定目標，向自己許下諾言，「我一定⋯⋯」但是實現目標和諾言的過程常常有大大小小的阻礙。

比如說，你告訴自己「下面的兩個小時我要把數學作業做完」，但是隔壁的電視傳來球賽熱鬧的吶喊聲。你是否會受到吸引，在心中權衡「要不我先看電視再做作業吧」？有高度自律精神的人也許連這個權衡的過程都不必經歷，只是關上窗，繼續集中精力做作業，直到作業完成；有自律意識但是還沒有完全將自律精神變成自己個人習慣的一部分的人，可能就會經歷很強烈的心理掙扎「先看電視還是先寫作業」，最後想起自己給自己的約定「下面的兩個小時我要把數學作業做完」，自律精神占了上風，於是最終信守了對自己的諾言，先把作業完成，然後輕輕鬆鬆去玩；而沒有自律精神的人，則可能一有風吹草動，就分散了精神，忘記了原定的計劃，分心到別處去了。

試想一下，莽莽雪山融水如果沒有河道的規約，一下山便散漫到四面八方，又怎能千萬里奔騰到大海？同樣的道理，每一個小小目標的實現，都需要你對自己進行規約，不受干擾，銘記目標，直到最後的實現。「不積跬步，無以至千里。」一個又一個小目標實現之後，最終的大目標就順其自然地實現了。所以說，自律是實現人生目標，取得成就的前提條件。

詼諧作家傑克森・布朗比喻得好：「缺少了自律的才華，就好像穿上溜冰鞋的八爪魚。眼看動作不斷，可是卻搞不清楚到底是往前、往後，或是原地打轉。」如果你知道自己有幾分才華，而且工作量實在不小，卻又看不見太多成果，那麼你很可能缺少自律。

自律不是孫悟空頭上的金箍圈，需要外在的咒語才可以發揮作用。自律是發自內心的一種自我管理，自我約束，也就是能夠管好自己，做好自己的事情。坐不住，靜不下來，都是自律不夠的表現。

男孩們，請審視一下自己，是否能夠做到較好的自律呢？不管是否有人在身邊，自己的言行都如一嗎？計劃的事情沒做完，會不會受到吸引去娛樂？能夠不因老師或者家長的囑託，自覺遵守各項規章，如學校紀律、交通規則、言談舉止嗎？

生活魔方

自律的品質可以是一個人的性格使然，也可以是透過不斷地訓練來達成的。但這卻是每個人都應該具備的一種品質，可以使你較好地完成任務，實現目標，也會獲得他人的認可。

時時提醒自己要實現的目標是什麼

牢記自己的目標是什麼，想到目標實現後的喜悅往往就能促使個人更好地約束自己的行為，以使目標實現。可以把自己的目標寫在一張紙上，貼在醒目的位置，記著要時常將已完成的目標更換成新的。

使用內心的對話

當你發現你的自律正在被挑戰的時候，提醒自己下面的話：「自律的代價總是要比後悔的代價低的」「只有完成了任務，遵守了規則，才能玩得更痛快，獲得更多的自由。」把這些話銘刻在心吧，每當不想自律的時候就提醒自己。這將改變你的生活。

向你的藉口挑戰

如果想培養自律的生活方式，首要的功課之一就是杜絕找藉口的傾向。正如法國古典文學作家佛朗哥所說：「我們所犯的過錯，幾乎都比用來掩飾的方法，更值得原諒。」如果你有幾個令你無法自律的理由，那麼，你要認清它們只不過是一堆藉口罷了。將你的理由寫在紙上，然後辨別一下哪些是藉口，然後一個個劃掉。

把自律當成一種生活方式

自律不能是偶爾為之，它必須成為你的生活方式。培養自律的最佳方式是為自己制定系統及常規，特別是在你視為重要且需要長期努力和堅持的項目上。比如，為了培養自己的寫作能力，應當每天固定地將自己所讀的材料進行存檔和整理，摘抄好的句子和故事，以備日後參考之用。

堅持執行計劃

培養自律精神還必須始終不渝地堅持完成既定的計劃安排，當然，為了保證計劃的可行性，在作出決定時要三思而後行。但一旦經過深思熟慮作出計劃後，就要堅定不移地付諸實施，不能輕易改變和放棄。

絕不遷就自己

一旦意識到某件事或行為是不對的，不管它是多麼強烈地誘惑我們，對我們有多大的吸引力，都要堅決克制，絕不做半點讓步和遷就。培養自律精神，要有堅定的信念和頑強的意志。

制定出你做事的先後順序，然後按這個順序去做

如果一個人只看自己的心情，和一時的方便而行事，肯定不會成功的。有一句話說得好：「完成重要任務有兩項不可缺少的夥伴：一是計劃，二是不太夠用的時間。」我們常常有好幾項任務需要完成，如果你能夠訂出何者最為重要，刻意從其他的事情中抽身出來，這會讓你有足夠的精力去完成首要的任務。這正是自律的基本精神所在。

心理驛站

薩勒告訴一群 4 歲的孩子：「桌上放了兩塊糖，如果你能堅持 20 分鐘，等我賣完東西回來，這兩塊糖就給你。但你若不能等這麼長時間，就只能得到一塊，現在就可以得到一塊。」這對 4 歲的孩子來說很難選擇——孩子都想得到兩塊糖，但是又不想為此熬 20 分鐘，而要想馬上就吃到，卻只能吃一塊。實驗結果表明，三分之二的孩子寧願等 20 分鐘得到兩塊糖。當然這對於他們是個很難的過程，有的孩子把眼睛閉起來，來抵抗糖的誘惑；有的

用雙臂包頭不看糖或者唱歌、跳舞；還有的孩子乾脆躺下睡覺——為了熬過這20分鐘！三分之一的孩子選擇現在就吃一塊糖，實驗者一走他們立刻就把糖塞進了嘴裡。

經過12年的追蹤，凡是熬過20分鐘的孩子（已是16歲了），都有較強的自制能力，自我肯定、充滿信心、處理問題的能力強、堅強、樂於接受挑戰；而選擇吃一塊糖的孩子（也已經16歲了），則表現為猶豫不定、多疑、妒嫉、神經質、好惹是非、任性、頂不住挫折、自尊心易受傷害。

這種從小時候的自控、判斷、自信的小實驗中能預測出他長大後的個性的效應，就叫做糖果效應。

心靈雞湯

不奮發，則心日頹靡；不檢束，則心日恣肆

——朱熹

志當存高遠

「志不立天下無可成之事。」立下遠大的志向就像在遠遠的天空中為自己勾勒出美麗的理想國，疲憊的時候望望遠方美輪美奐的理想國，充沛的精力就回來了，鬥志也回來了。遠大的志向是前進的動力，是指路的明燈，是戰勝挫折與困難的精神利器。

心理透視

自古以來，凡成大事者，無不是立高遠之志，以勤為徑、以苦作舟去實現自己的理想抱負的。

昔時少年項羽因為看到秦始皇出遊的赫赫聲勢，就有取而代之的念頭，成就了一方霸業，有了後來的楚漢之爭；諸葛亮躬耕南陽，因為常「好為梁父吟，自比管仲樂毅」，才有魏蜀吳三國鼎立；霍去病因為有「匈奴未死，何以家為」的壯志，才演繹出一代英雄讚歌；巴爾扎克因為年輕時的揮筆豪

言「拿破崙用劍無法實現的,我可以用筆完成」才有了 350 部鴻篇巨制的淵遠流傳。

沒有遠大的志向而有巨大的成就幾乎就是無稽之談。因為在取得一定成績的道路上,常常小挫折、小麻煩不斷,除卻瑣碎的困難之外,有時還可能出現意想不到的大挫折,而遠大的志向是一種巨大的精神動力,是一種源源不斷的能量來源,不斷地為大小挫折所損耗掉的力量補充勇敢、決心和信心,使得人們在實現遠大目標的道路上不會消弭了信心、丟失了決心、喪失了勇氣,最終實現人生的目標。

也許有的人會說,在我們生活的周圍有時會看到一個懶懶散散、不思進取的人,突然得到了好的機會,或者是發了財,為什麼沒有遠大志向的人也能莫名其妙地獲得些什麼。我們應當看到有所成就的人當中,抱有遠大志向,並努力去實現的人占了絕大多數,靠僥倖而獲得些什麼的人只是很少的一部分。

並且最重要的一點是,靠自己給自己樹立志向並腳踏實地地去實現的人,往往能更好地珍惜和享用得來不易的成果,生活的幸福感更強;反而是那些不費吹灰之力得來一些東西的人,在短暫的高興之後,就覺得索然無味了。要想擁有一個快樂的、充滿意義和活力的人生,那就給自己樹立遠大的志向,並腳踏實地、不畏挫折地去實現吧。

「志當存高遠」這是一句千古流傳的名言,古人很重視人生志向的確立,志存高遠,就會自我激勵,奮發向上,有所成就;志向遠大,才能克服眼前的困難和自身的弱點,去實現宏偉的志願!人人都要認真審視自我,明了理想實現路程的艱辛,要有遠大的抱負,但不能偏執自負;要志存高遠,但不能好高騖遠。

正如道格拉斯·勒頓說的:「你決定人生追求什麼之後,就做出了人生最重大的選擇。」有了志向,你就看清了自己的目標;有了志向,你就有一股無論順境逆境都勇往直前的動力。

第五篇 立鴻鵠志，行堅定事

生活魔方

遠大的志向不是一句話語，而是發自內心的一種嚮往、一種渴望。男孩們，你的志向是什麼，不要覺得很飄渺，難以實現，因為你還有努力的機會，還有奮鬥的時間。不要菲薄自己的力量和能力，因為志向的作用是巨大的，你的潛力是無窮的。

榜樣的力量

古今中外，無論科學界還是藝術界，無論體育界還是新聞界，構築人類生活方方面面的行業中總有傑出的代表。挑選出自己的榜樣，你最敬佩的榜樣的優點是什麼，榜樣有過哪些事例和成就讓你心生敬佩。讓榜樣的實際例子指引自己樹立遠大的志向，在榜樣的激勵作用下去實現自己的志向。

比別人做得好一點

新東方創始人俞敏洪在給年輕學子們介紹成功經驗時說：「一輩子的目標要定得高遠，但每個階段的目標要現實，要永遠比周圍的人做得好一點。」只要永遠比周圍的人做得好一點，足以讓你超群出眾了！比如運動多堅持一會，作業更認真一點，讀的書多一點，這些一點點可以使你脫穎而出。

培養自己的忍耐和自律精神

實現遠大志向的過程就像長跑比賽，沿途的風景再美，也不能駐足不前，要透過忍耐和自律果斷地跑向終點，實現自己的遠大志向。肯定會遇到困難和挫折，你可以讓自己休息一下，思考一下，但是不要放棄。做題做不下去，運動堅持不下去，技能總是無法提高……這些都只是插曲，會激發你挑戰的慾望。

調整好需求結構

當多種需求不能同時兼顧時，抑制一些不可能實現的需求。如古人云：「魚，我所欲也；熊掌，亦我所欲也，二者不可兼得，捨魚而取熊掌者也。」貪多反而誤事，志向也是，有主有次，有緊有鬆。

要有務實精神

務實就是「實事求是，不自以為是」的精神。遠大志向的實現是要靠一步一個腳印，踏踏實實地埋頭苦幹才能實現的。每天完成一個具體而微小的目標，透過積微成著的方式，最終遠大理想就會按部就班地實現。

心理驛站

「溫水煮青蛙」來源於19世紀末美國康奈爾大學科學家做過的著名的「青蛙實驗」。

科學家將青蛙投入已經煮沸的開水中時，青蛙因受不了突如其來的高溫刺激立即奮力從開水中跳出來得以成功逃生。同樣是水煮青蛙實驗，當把青蛙先放入裝著冷水的容器中，然後再加熱，結果就不一樣了。青蛙反倒因為開始時水溫的舒適而在水中悠然自得。直至發現無法忍受高溫時，已經心有餘而力不足了。被活生生地在熱水中燙死。

「溫水煮青蛙」道出了從量變到質變的原理，說明的是，由於對漸變的適應性和習慣性，失去戒備而招災的道理。突如其來的狀況往往讓人做出意想不到的防禦效果，然而面對安逸的環境往往會產生鬆懈，也是最致命的鬆懈，到死都還不知何故。

所以不要讓安逸的生活磨滅了你的志向，掩蓋了你內心的熱情和活力，不能做溫水裡的青蛙。男孩子，要敢闖敢拚，努力過才不後悔。

心靈雞湯

志向是天才的幼苗，經過熱愛勞動的雙手培育，在肥田沃土裡將成長為粗壯的大樹。不熱愛勞動，不進行自我教育，志向這棵幼苗也會連根枯死。確定個人志向、選好專業，這是幸福的源泉。

——蘇霍姆林斯基

自我控制是一種非凡的美德

自我控制就是讓自己保持一種平和寧靜的心態，是一種「每臨大事有靜氣」的姿態，是一種勝不驕、敗不餒的豁達。能夠自我控制的人，在挑釁面前能夠冷靜處之，在挫折面前能夠自我激勵，不會輕易地讓憤怒之火將自己點燃，也不會輕易地讓自怨自艾、自哀自憐的迷霧將自己包圍。

別往心上釘釘子

從前，有一個男孩，他的脾氣很壞，動不動就生氣，為此得罪了很多人，他自己也很痛苦。

有一天，爸爸給了他一袋釘子並告訴他：「每當你想發脾氣的時候，就在院子的籬笆上釘一根釘子吧！」男孩同意了。

第一天，男孩釘了 37 根釘子，第二天，他釘了 29 根釘子；第三天……漸漸地，男孩開始學會控制自己的脾氣，釘子的數量越來越少了。

因為他發現，控制自己的脾氣要比釘釘子容易得多。

終於有一天，這個男孩沒有因為失去耐性而亂發脾氣，他一根釘子都沒有釘，他高興地把這件事告訴了爸爸。

爸爸說：「很好，從今以後，每當你能夠控制住自己沒有亂發脾氣時，就可以從籬笆上拔掉一根釘子。」

日子一天一天地過去，最後，男孩欣喜地告訴爸爸，自己終於把釘子全部拔光了。

爸爸帶他來到院子的籬笆邊上，對他說：「兒子，你做得很好，可是看看籬笆上的釘子洞，這些洞永遠也不可能恢復了。就像你和一個人吵架，說了些難聽的話，你就在他心裡留下了一個傷口，像這個釘子洞一樣。你生氣的時候說的話就像這些釘子留下的疤痕一樣。話語的傷痛就像真實的傷痛一樣令人無法承受。孩子，要管住自己啊！」

男孩們，在曾經走過的歲月中，我們是否在不經意間往別人的心上釘了釘子？我們是否已經用自己的真誠和努力，拔去了很多釘子？而那些留在心上的傷痕，是否還在隱隱作痛？一生中，我們要和很多人打交道，我們不願意被別人傷害，當然更不應該傷害別人。

大仲馬曾經說過：「你要控制自己的情緒，否則你的情緒便控制了你。」所以，無論你在何時何地，都要學習用理智對自己進行有效的自我控制，證明自己有控制自己命運的能力，這是我們每個人成長中的必修課。

心理透視

小男孩的故事告訴我們，控制自己不是一件非常容易的事情，但是只要我們努力從任何一件小事做起，克制衝動，持之以恆，我們終究會獲得「自控」這一非凡的美德。

拿破崙·希爾對美國各監獄的 16 萬名犯人作過一項調查，發現了一個驚人的事實：這些不幸的犯人之所以淪落到監獄中，有 90% 的人是因為缺乏必要的自制，因此，未能把他們的精力用在積極有益的方面。

在我們的生活中，自控能力主要表現在兩個方面：一方面是自己在成長過程中努力克服不利於自己成長的恐懼、猶豫、懶惰、僥倖等；一方面應善於在實際行動中抑制自己的衝動行為，如意氣用事、亂發脾氣等。

自制力對人走向成功起著十分重要的作用，自亞里士多德到近代的哲學家們都注意到：「美好的人生建立在自我控制的基礎上。」

首先，自我控制是實現目標的保證。成長的道路上我們為自己樹立的一個又一個小目標就像馬拉松比賽中的指示標牌，指引著我們最終實現自己的人生理想。自我控制是我們實現一個又一個小目標乃至實現最終人生理想的必要條件。

當你為了在足球賽中奪冠而在酷暑中訓練時，是自我控制打消了你懶懶地在家吹空調的念頭；當你為了使自己的小組在團體競賽中獲勝而對同伴的疏忽和無禮加以忍讓時，是自我控制阻止了你與同伴生氣的爭吵或拂袖而去；

帥氣男孩修煉手冊
第五篇 立鴻鵠志，行堅定事

當你為了使自己差的科目變強而埋頭苦讀時，是自我控制吹散了你心頭自卑、消沉的陰霾……韓信甘受胯下之辱、愛迪生為挑選出合適的燈絲千百次地進行實驗、越王勾踐臥薪嘗膽……有所成就的人，在實現個人目標的過程中無不對自己的行為和情緒進行了種種規約。

其次，自我控制是良好人際關係的必要條件。想像一下，如果有一個人常常因為別人不經意的一句話或者無心的小過錯而暴跳如雷，張口罵人甚至動手打人，你是願意和這樣的人做朋友還是更願意和寬容大度、溫和、懂得忍讓的人做朋友呢？如果有一個人總是為了一點點小挫折愁雲慘淡、悲悲戚戚、沒精打采、怨天尤人，你願意和這樣的人做朋友嗎？想必你的心裡已經有答案了吧。

高爾基說：「哪怕對自己小小的克制也能使人變得強而有力。」願我們都學會自我控制，善於自我控制，用理智和意志駕馭自己的感情，做自己情緒的主人。只有這樣，我們才能做生活的強者和事業上的成功者！

生活魔方

古希臘數學家畢達哥拉斯說：「自制是世界上最強大的力量和財富」，畢達哥拉斯由此擁有了一個成功的人生。如何讓不好的情緒消失於爆發之前，並且自己不會受到太多的傷害，從現在開始，我們一起來培養高度的自控能力吧！

學會放鬆

在發怒、激動、恐慌時，人們往往意識不到自己呼吸的急促和肌肉的緊張，由於這樣，反而更增加了緊張。因此，在從事預計會引起緊張的活動之前，做一做呼吸放鬆、肌肉放鬆運動，可以使我們學會自我控制，變得坦然、從容。比如可以站立或靜坐，使全身放鬆，進行深呼吸；也可以一邊慢步行走，一邊深呼吸等等。

合理宣洩

覺得內心憤怒、煩躁的時候可以到操場上跑跑步、打打球或者痛痛快快地唱歌，或者將自己憤怒時想說的話寫下來，在書寫的過程中你憤怒的情緒就慢慢不見了，也可以找朋友、家人或老師聊一聊事情的前因後果，在談論的過程中不僅發洩了壞情緒，可能還會從別人那裡獲得一種新的看問題的視角。

克制衝動

研究表明，憤怒所持續的時間不超過 12 秒鐘，所以如何度過這關鍵的 12 秒非常重要。深呼吸，或者在心中默數 10 個數，當你做完的時候，你會發現，其實你已經沒有那麼生氣了。人在坐下來的時候血液循環和新陳代謝的頻率都要低於站著的時候，透過坐下來抑制自己的生理能量供應，降低憤怒的程度，因此，在憤怒的時候有意識地告訴自己「找個地方坐下來」也是一個有效的方法。

明確目標

明確了自己決心成為一個什麼樣的人、自己將來想要幹什麼，就能夠控制自己，使自己的言行服從和服務於自己的目標。給自己設定一個最適合自己的理想以及生活計劃，再設定一些達成長遠目標的小目標、短期目標，這樣你就會獲得一種控制自己的動力。

小事做起，持之以恆

培養自制力必須始終不渝地堅持完成既定的計劃安排，從每一件小事做起。你的自制力如何，可用每天起床這一件極小的事來判斷。能否按時早起床，看似是生活中無關緊要的小節，卻很大程度上反映出你是否能夠很好地控制自己。曾國藩認為「勤學工夫，第一貴在早起，第二貴在有恆」，就把早起床當成自己修煉超常毅力和自制心境的第一大事。

第五篇 立鴻鵠志，行堅定事

自我激勵

自我激勵即自己給自己提出任務、自己給自己獎懲、自己命令自己、自己做自己的司令員、指揮員。自我激勵的方式有：

①制定切實可行的計劃，安排好必須做好與可做可不做的事情，然後給自己做出獎懲規定。

②寫出座右銘，時時勉勵自己。

③常寫日記，在日記中進行自我監督。

④口頭命令。每遇困境或身臨危急之時，要學會自己指揮自己，獲得精神力量。

設置標誌物提醒自己

林則徐在家中醒目的地方掛上「制怒」的牌匾，提醒自己不要隨便發怒。你也可以學著林則徐的樣子在桌上寫幾個字提醒自己不要隨便憤怒。除了設置這種可見的標誌物，你也可以想像自己的嘴上貼了一個「密封膠帶」，告訴自己不要出口傷人、說出讓自己後悔的話。待平靜下來了再想想要說什麼、做什麼。

心理驛站

最近美國一些心理學家做了一項實驗，他們把生氣的人的血液中含的物質注射在小老鼠身上，以觀察其反應。初期這些小鼠表現呆滯，胃口盡失，整天不思飲食，數天後，小老鼠就默默地死去了。

美國生理學家愛爾馬不久前也做過實驗，他收集了人們在不同情況下的「氣水」，即把有悲痛、悔恨、生氣和心平氣和時呼出的「氣水」做對比實驗。他把心平氣和時呼出的「氣水」放入有關化驗水中沉澱後，則無雜無色、清澈透明，悲痛時呼出的「氣水」沉澱後呈白色，悔恨時呼出的「氣水」沉澱後則為蛋白色，而生氣時呼出的「氣水」沉澱後為紫色。把紫色「氣水」注射在大白鼠身上，幾分鐘後，大白鼠死了。

由此，愛爾馬分析：人生氣十分鐘，會大量耗費人體精力，其程度不亞於參加一次 3000 公尺賽跑；生氣時的生理反應十分劇烈，分泌物比其他任何情緒的都更複雜、更具毒性。結果又一次證實，生氣對人體危害極大。

可見一個人不好的情緒不僅會對他人造成傷害，也會對自己的身體造成影響。男孩們，做一個善於自制的少年吧，懂得克制才能夠不斷成熟。

心靈雞湯

在成功的路上，最大的敵人並不是缺少機會，或是資歷淺薄，而是缺乏對自己情緒的控制。憤怒時，不能制怒，使合作者望而卻步；消沉時，放縱自己的萎靡，稍縱即逝的機會就會白白浪費。

困難像彈簧，你弱它就強

畏難情緒是一種設在心裡的障礙。外界的挫折並不可怕，可怕的是存在於自己內心的畏難情緒。畏難情緒和困難就像兩個對壘的拳擊選手，氣勢強的往往會勝利。正所謂「困難像彈簧，看你強不強。你強它就弱，你弱它就強」。克服自己的畏難情緒是戰勝困難與挫折的第一道關卡。

「漸凍人」的抗爭

史蒂芬·霍金是當代著名的物理學家，於 1942 年 1 月 8 日生於牛津，那一天剛好是伽利略逝世三百年。

可能因為他出生在第二次世界大戰的時代，所以小時候對模型特別著迷。他十幾歲時不但喜歡做模型飛機和輪船，還和同學製作了很多不同種類的戰爭遊戲，反映出他對研究和操控事物的渴望。

帥氣男孩修煉手冊
第五篇 立鴻鵠志，行堅定事

　　霍金十三四歲時已下定決心要從事物理學和天文學的研究。17歲那年，他取得了自然科學的獎學金，順利入讀牛津大學。後來他轉到劍橋大學攻讀博士，研究宇宙學。

　　不久他發現自己患上了會導致肌肉萎縮的漸凍人症。由於當時醫學對此病束手無策，起初他打算放棄從事研究的理想，但後來病情惡化的速度減慢了，他便重拾心情，排除萬難，從挫折中站起來，勇敢地面對這次的不幸，繼續醉心研究。

　　70年代，他和彭羅斯證明了著名的奇性定理，並在1988年共同獲得沃爾夫物理獎。他還證明了黑洞的面積不會隨時間減少。1973年，他發現黑洞輻射的溫度和其質量成反比，即黑洞會因為輻射而變小，但溫度卻會升高，最終會發生爆炸而消失。

　　80年代，他開始研究量子宇宙論。這時他的行動已經出現問題，後來由於得了肺炎而接受穿氣管手術，使他從此再不能說話。現在他全身癱瘓，要靠電動輪椅代替雙腳，不但說話和寫字要靠電腦和語言合成器幫忙，連閱讀也要別人替他把每頁紙攤平在桌上，讓他驅動著輪椅逐頁去看。

　　霍金一生貢獻於理論物理學的研究，被譽為當今最傑出的科學家之一。他的著作《時間簡史》一度成為最暢銷的科學著作。

　　雖然大家都覺得他非常不幸，但他在科學上的成就卻是他在病後獲得的。他憑著堅強不屈的意志，戰勝了疾病，創造了一個奇蹟，也證明了殘疾並非成功的障礙。他對生命的熱愛和對科學研究的熱誠，是值得年青一代學習的。

被病魔逐漸剝奪了行動能力的霍金，擁有不畏困難的精神，用一顆強大的心戰勝困難，向我們詮釋了不論困難是怎樣難以阻擋，只要不畏困難就能戰勝困難。

心理透視

想像一下，如果你是霍金，在很年輕的時候就被告知，將會被一種慢性疾病逐漸地剝奪行動能力直至死亡，在這種情況下，你會怎麼辦？

怨天尤人、自暴自棄、被困難嚇倒而一蹶不振，還是像霍金那樣勇敢地面對疾病帶來的痛苦與困難，堅持自己的科學研究事業，並專注地投入其中？

僅僅是這樣換位思考一下，也許你就明白了霍金面對的困難是多麼大，而他克服困難的精神力量則是更大的。此時，你也許會慶幸自己不曾遭遇霍金所遭遇的那樣大的不幸，但我們在生活中常常遇到一個個大大小小的困難，只有克服了這些或大或小的困難才能達到自己的既定目標。

當你遇到小小的困難覺得煩惱的時候，想想霍金吧！跟他遇到的困難相比，自己所遇到的小小的困難又有什麼好擔心、好害怕的呢？當你遇到較大的困難而覺得難以克服、畏縮不前的時候，想想霍金，一個被宣告了慢性死亡的人都不覺得畏懼，自己有什麼好畏懼的？

畏難情緒是自己在自己的心裡設置的一道阻礙自己前進的障礙。想要完成一件事情，困難不論大小，總是難以避免的，除非是像石頭一樣呆立在天地間。不敢面對困難何來解決困難？困難得不到解決又何來目標的達成？目標無法達成又何以取得成就？可見要想做一個有成就的男子漢，首先就要克服自己內心的畏難情緒，能夠勇敢地面對困難，解決困難。

男孩們，成長中，你會發現有些事情看起來很難，但是真正開始做的時候，卻發現沒有想像得那麼難。最難的部分恰恰是你能不能下決心去做，而不是事情的本身。所以，在你取得成績、克服了苦難時，你心裡會想到：原來我也是可以的，我能夠做到的。

正是一種面臨苦難的情緒阻礙了你行進的腳步，這種情緒也許和你過去的經驗有關，也許和你周圍人的建議有關，但最終取決於你。不管你怕與不怕，事情總是擺在那裡，嘗試著去努力一下，做一次。你會發現，原來貌似很大的困難，其實只是一個表象，是一個被你無形中放大了的表象。

就像右邊的足球漫畫，在守門員的感覺中，自己很渺小，而球門很大；而在踢球者的感覺裡，小小的球門被守門員完全擋住了。兩者都將眼前的問題放大了無數倍，這種畏難情緒會使他們不能發揮應有的水準。

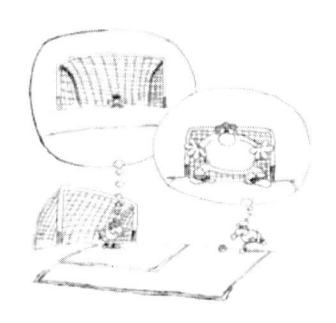

現實生活中也是這樣，不要放大眼前的事情，也不要縮小自己的能力和信心，著手行動、努力去做就是最大的勝利。

生活魔方

當然，生活中確實有一些問題有點棘手，但是大部分的事情都是可以解決的。靜下心來，做一點準備工作，心裡有了底氣，就不會有那麼多畏難情緒了。好比「家中有糧，心裡不慌」。

查閱資料，獲取相關資訊，做到心裡有底

當面對一件困難事情的時候，可以充分利用發達的網路資源，廣泛地查閱相關的資料。查找有沒有別人的解決方法，或者一些建議。你獲取的相關資訊越多，對問題瞭解地越深入，一方面會增強安全感，另一方面則給予了更寬廣的視野和解決問題的方式。往往隨著對問題瞭解的加深，針對問題的解決方法也不知不覺地浮出水面。

給自己積極的心理暗示

給自己積極的心理暗示，能夠增強自信心，進而克服畏難情緒。可以對著鏡子微笑著告訴自己「我能行」。每天早上起來的時候告訴自己「今天會是美好的一天，即使有問題也會迎刃而解的」。在自己的書桌旁寫上「加油，你能行」。做任何有挑戰的事情，先給自己鼓勁加油：我一定可以做到的，我能行。

多做運動

多運動不僅僅可以強健體魄，還可以增強人的精神力量，讓人開心樂觀，有一股堅韌的意志。挑選一項自己喜歡的運動，堅持每天進行半個小時到一個小時。這會讓你更健康更開心，而且能夠將運動中的精神用於其他方面，能不畏懼地面對困難。

透過溝通交流，減少壓力

向同學、朋友或者老師講述自己面對的困難，將自己困擾的感覺表達出來。有時候僅僅是將面對的困難清晰地表達出來，就會讓自己理清來龍去脈，然後靈光一現，找到了問題的解決方式。有時候僅僅是向別人講述一下自己困擾的感覺，就能夠緩解面對困難時的心理壓力，以更積極的心態去面對問題。更多的情況是，我們的朋友或者老師為我們提供了一些資訊或者解決問題的參考意見。

從小事開始，逐漸建立自信

我們的日常生活就是由一連串瑣碎的小事構成的，認真、仔細地完成每一件事，儘可能地做好，這會培養你良好的習慣和不怕困難的精神。無論是學做航模飛機還是組裝玩具賽車，告訴自己要有耐心，認真地、一步一步仔細完成，直到成功。日常小事中建立起來的信心，會讓你在面對困難的時候更有勇氣，而不是畏難。

帥氣男孩修煉手冊
第五篇 立鴻鵠志，行堅定事

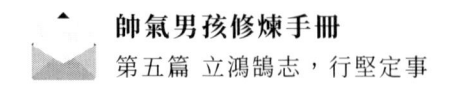

心理驛站

跨欄定律——把挑戰困境看作一種享受

一個人的成就大小往往取決於他所遇到的困難程度。豎在你面前的欄越高，你跳得也越高。當你遇到困難或挫折時，不要被眼前的困境所嚇倒，只要你勇敢面對，坦然接受生活的挑戰，就能克服困難和挫折，取得更高的成就，這就是著名的跨欄定律。跨欄定律是一位名叫阿費烈德的外科醫生發現的。

阿費烈德在解剖屍體時，發現了一個奇怪的現象：那些患病器官並不如人們想像得那樣糟，相反在與疾病的抗爭中，為了抵禦病變，它們往往要代償性地比正常的器官機能強。這個發現最早是從一個腎病患者的遺體中發現的。當他從死者的體內取出那顆患病的腎時，他發現那顆腎要比正常的大，另外一顆腎也大得超乎尋常。在多年的醫學解剖過程中，他不斷地發現包括心臟、肺等幾乎所有人體器官都存在著類似的情況。

因此，他撰寫了一篇頗具影響的論文。他認為患病器官因為和病毒作鬥爭而使器官的功能不斷增強。假如有兩個相同的器官，當其中一個器官死亡後，另一個就會努力承擔起全部的責任，從而使健全的器官變得強壯起來。

問題的大小決定了答案的大小。就像蚌把沙子變成了珍珠，我們要善於把侷限變成優勢。障礙使我們更強大。英國有一句老話：如果這件事毀不了你，那它就會令你更加強大。苦難並不是絕對的，它對弱者是萬丈深淵，對強者來說卻是向上的階梯。疾病也一樣，它使弱者的臟器受損，最後奪取弱者的生命，疾病同樣能使強者的臟器更加強大，使人的抵抗力更加頑強。

心靈雞湯

船在洶湧的波浪中行駛，固然是危險的事，但只要把舵者善於應付，未嘗不可化險為夷，渡過大洋，安登彼岸。一個年輕人的就業，也是如此，四周都為困難所包圍，你得鎮靜應付，把層層障礙打破，便發現你的康莊大道。

你須知道，老天決不辜負有心人的上進志向，除非你畏難苟安，無毅力應付，結果才覆敗。

——戴爾‧卡內基

▌擁有夢想就擁有未來

夢想是一張通行證，助你通過前進道路上的重重關卡；夢想是背在身上的能量源，在艱難的時刻給予你力量。夢想不是空中樓閣，夢想不是掛在嘴邊用來炫耀的華麗諾言，需要你用實際的行動來踐行。有夢想而沒行動，夢想只是鏡中花、水中月；有夢想又有切實的行動，才會擁有美好的未來。

夢想的高度

多年前，一位窮苦的牧羊人領著兩個年幼的兒子以為別人放羊來維持生計。

一天，他們趕著羊來到一個山坡上。這時，一群大雁叫著從他們的頭頂上飛過，並很快消失在遠處。

牧羊人的小兒子問他的父親：「大雁要往哪裡飛？」

第五篇 立鴻鵠志，行堅定事

「牠們要去一個溫暖的地方，在那裡安家，度過寒冷的冬天。」牧羊人說。他的大兒子眨著眼睛羨慕地說：「要是我們也能像大雁一樣多好啊！那樣不用放羊了，可以飛到自己想去的地方了。」

牧羊人沉默了一下，然後對兩個兒子說：「只要你們想，你們也能飛起來。」兩個兒子試了試，並沒有飛起來。他們用懷疑的眼光看著父親。

牧羊人說：「讓我飛給你們看看。」於是，他飛了兩下，也沒飛起來。牧羊人肯定地說：「我是因為年紀大了才飛不起來，你們還小，只要不斷努力，就一定能飛起來，去想去的地方。」

兒子們牢牢記住父親的話，從這以後，在他們的幼小心靈裡，就萌發了將來一定製造出一種能飛上高高藍天的東西。這個願望一直影響著他們。

1896 年，兄弟倆在報紙看到一條消息：德國的李林塔爾因駕駛滑翔機失事身亡。兄弟倆決定研究空中飛行。

1900 年 10 月，兄弟倆終於製成了他們第一架滑翔機，兄弟倆把滑翔機裝好，像風箏那樣放飛，結果成功了。然後由哥哥坐上去進行試驗，雖然飛了起來，但只有 1 公尺多高。

第二年，兄弟倆在上次製作的基礎上，經過多次改進，又製成了一架滑翔機。一試驗，飛行高度一下子達到 180 公尺之高。

後來他們不斷努力嘗試，1903 年 12 月 17 日上午 10 時，由弟弟試飛，他伏臥在駕駛位上。一會兒，發動機開始轟鳴，螺旋槳也開始轉動。

突然，飛機滑動起來，一下子升到 3 公尺多高，隨即水平地向前飛去。

「飛起來啦！飛起來啦！」幾個農民高興地歡呼起來，並且隨著哥哥，在飛機後面追趕著。

飛機飛行了 30 公尺後，穩穩地著陸了。哥哥衝上前去，激動地撲到剛從飛機裡爬出來的弟弟身上，熱淚盈眶地喊道：「我們成功了！我們成功了！」

他們果然飛起來了，他們就是美國的萊特兄弟。

心理透視

飛上天空自由翱翔，也許你也做過這樣的夢吧！從古至今，不知道有多少人有過飛翔的念頭，但是將能夠在天空翱翔作為自己執著追求的夢想的人恐怕寥寥無幾，而為了實現這一夢想而真切地付諸行動的人恐怕就更少了。但萊特兄弟並沒有一味空想，而是逐步繪製夢想的藍圖，最終發明了飛機，人最不能缺少的是夢想，沒有夢想，就沒有目標，沒有了動力，更談不上把握機會。世界上的貧富之差就在於一念之差。一念就是一個想法、一個理想或者一個夢想。

為實現夢想而真真切切地去行動、嘗試，遇到挫折、困難也不放棄，這才有可能實現夢想。這正是有夢想才有可能，假若萊特兄弟空羨慕鳥兒能飛翔，認為自己不像鳥兒一樣擁有翅膀，永遠也飛不起來，那就真得永遠也飛不起來了。

男孩們，你的夢想是什麼？成為體壇明星，還是成為一代商業鉅子，還是成為一個園藝師、一個工程師……擁有夢想的人更懂得生活的意義。但是不要羞於說出你的夢想，因為你的行動會證明這是發自你內心的夢想，而不是隨便說說。也許做了很多，付出了時間和汗水，夢想還是在遠方，那麼奮鬥的經歷也會溫暖著你的心，讓你感受自己曾經奮鬥的時光。但是如果不去

做，那麼夢想只能變成幻想，就像陽光下的肥皂泡，七彩繽紛，卻逃脫不了破裂。

夢想常常能夠化腐朽為神奇。擁有夢想的人，往往能經受住別人質疑的眼神，承擔起辛苦的勞動，執著於自己的夢想，直到自己的夢想在不斷地堅持與努力中，不知不覺地實現。夢想會給予你頂住壓力堅持下去的勇氣，使你心甘情願地承擔起艱苦的勞動。而反過來，只有堅持夢想並辛勤地付出努力，夢想才會最終實現。有夢想而且不畏困難，美好的未來才會向你親切地招手。

生活魔方

寫下自己的夢想清單 我們常常有很多的夢想，有時會手忙腳亂地亂抓一氣，沒有重點。列下自己的夢想清單，首先按照實現的難易程度給夢想評個分，最難實現的評 0 分，最易實現的評 6 分，其他難易程度的評分在 0 到 6 分之間。然後按照自己實現夢想的迫切程度給自己列出的夢想評分，最迫切要實現的評 6 分，最不急著實現的評 0 分，其餘程度的評分在 0 到 6 分之間。將這兩項評定的分數加起來，分數最高的一項就是你應該首先要去實現的夢想。

合理地認識自己

世界上沒有兩片完全相同的葉子。同樣的每一個人都有自己的特點。要正確地認識自己，根據自己的特點為自己確立夢想。如果你很有運動天賦，但是唱歌總是黃腔走調，那麼你成為運動健將的夢想就比成為世界歌唱家的夢想更易實現。

堅定自己的夢想，不要搖擺不定

一旦結合自身的特點為自己確立了要實現的夢想，就應該堅定地實施下去，不要搖擺不定，半途而廢。遇到困難的時候告訴自己：「我要實現自己的夢想，要堅持下去」；受到質疑的時候要告訴自己：「這是我根據自己的特點確立的夢想，是能夠實現的，我要堅持下去」。

規劃實現夢想的步驟

夢想,對於個人來說,就是一個帶著瑰麗色彩的目的地。在達到夢想這一目的地的路上,為自己樹立一個一個明確的里程碑,等你走完了這所有的里程碑就會來到夢想的目的地。更明確地來講,就是規劃實現夢想的步驟。

堅持不懈

行百里者半九十。持之以恆地將自己的夢想堅持下去,在實現夢想的過程中不能三天打魚兩天晒網,一曝十寒不是實現夢想的方法。只有不斷地堅持才有最後夢想的實現。

保持積極心態

保持積極心態的人才會抓住機遇,總是能得到意外的驚喜,甚至會從壞運氣中獲得好處。而消極心態就像一劑慢性毒藥,逐漸摧毀了人們的信心,成功就離他越來越遠。

消極心態的人,經常會這樣抱怨,「當初的夢想太幼稚了」「現在條件不成熟」「我沒有這樣的專長」「這事根本不可能」「我這樣不也是過得挺好嗎」「算了,等下次吧」。而積極心態的人,會這樣想:「夢想儘管很遠,但給了我力量」「我要創造條件」「我還有一些專長」「這件事我要試一試」「我可以過得更好一點」「機不可失時不再來,失敗了也不怕」。

心理驛站

湯姆季洛維奇是一位社會心理學家,他對聚光燈效應這個問題很有興趣。這個效應是說,當我們穿一件粉色襯衫去上班,當我們耳朵上有刮鬍泡時,我們會高估了別人的注意。

他用標準基礎心理方法做了一系列的實驗。在一個實驗裡,他來到實驗對象跟前,他說:「我想你們明天穿一件T恤,上面要有一個圖案。」他讓他們穿上了印有世界上最讓人尷尬圖案的T恤。

心理學家讓這些人過完這一天,問他們:「有多少人注意到你的T恤了?」然後又問別人:「你們有多少人注意到這個人的T恤了?」結果發現,

穿 T 恤的人把注意的人數高估了一倍。假如，他們說有 100 個人注意到了，其實只有 50 個人注意到了。經過一個又一個實驗，季洛維奇和他的同事找到了支持聚光燈效應的證據。

也就是說，你以為別人一直在注意你，但其實他們並沒有，他們都忙著注意自己。這是一個很有用的理論，大家都應該記住。季洛維奇之所以對這個問題很感興趣，是因為他對後悔這個心理活動很感興趣。結果發現，如果你問臨終的人或者很老的人：「你生命中有什麼讓你很後悔的？」他們統一後悔的都是沒有嘗試過的事情。但當你問他們為什麼不嘗試時，他們的答案往往是「這樣做會很傻」。

一個很有趣的發現是，人們對別人的注意並沒有你想像中的那麼強。你可以把這個當成好消息，也可以當成壞消息。但聚光燈並不像我們想得那樣，總是照在我們身上。

不要以為自己的夢想會是多麼地遙遠或者會受到他人的嘲笑，其實那只是你的夢想，對你來說是財富，努力去做就好了。

心靈雞湯

夢想絕不是夢，兩者之間的差別通常都有一段非常值得人們深思的距離。

——古龍

第六篇 時尚男孩，潮流前線

　　遊戲人生。細細想來，似乎人的一生都是在遊戲。你看演唱會，你與朋友去籃球場上一較高低，你與朋友在家裡的電腦上玩我們說通俗意義上的電玩遊戲，似乎這一切都是在遊戲。我們玩小遊戲要遵守小遊戲的規則，我們玩大遊戲，就要遵守大遊戲的規則。遊戲將伴隨我們一生，我們要把人生裡的各場遊戲都玩得開開心心。那麼從現在開始，我們就來玩一玩這些遊戲。希望我親愛的男孩們，你們能夠從這些遊戲開始，把人生這場大遊戲玩得順利。

▌玩玩遊戲

　　遊戲就是一個人或者幾個人透過一定的形式獲得活動的樂趣。遊戲多種多樣，小時候玩的「扮家家酒」「老鷹捉小雞」「丟手絹」等，大了玩的有體育遊戲、集體遊戲，如籃球、登山、遠足、唱歌、跳舞、表演、猜謎等。遊戲不僅僅給我們的生活增添了情趣，還讓我們學習很多，幫助了我們的成長。很多有名望的長輩都說過，要專心致志地學習，也要痛痛快快地玩。所以，玩和學是同等重要的！

帥氣男孩修煉手冊
第六篇 時尚男孩，潮流前線

有趣遊戲

攀岩是從登山運動中衍生出來的競技運動項目。20世紀50年代起源於前蘇聯，是軍隊中作為一項軍事訓練項目而存在的。1974年列入世界比賽項目。進入80年代，以難度攀登的現代競技攀登比賽開始興起，並引起人們廣泛的興趣。攀岩運動也屬於登山運動，攀登對象主要是岩石峭壁或人造岩牆。攀登時不用工具，僅靠手腳和身體的平衡向上運動，手和手臂要根據支點的不同，採用各種用力方法，如抓、握、掛、摳、撐、推、壓等，所以對人的力量要求和身體的柔韌性要求都較高。

攀岩時要繫上安全帶和保護繩等以免發生危險。「會當凌絕頂，一覽眾山小。」攀岩運動以其獨有的登臨高處的征服感吸引了無數愛好者，它集健身、娛樂、競技於一體，既要求運動員具有勇敢頑強、堅忍不拔的拚搏進取精神，又需要具有良好的柔韌性、節奏感及攀岩技巧，這樣才能嫻熟地在不同高度、不同角度的陡峭岩壁上輕鬆、準確地完成身體的騰挪、轉體、跳躍、引體等驚險動作，給人以優美、流暢、刺激、力量的感受。

電子娛樂，又稱「電子遊戲」，是一種透過電腦進行各種遊戲的娛樂方式。製作電子遊戲時，需要把各種電子遊戲的程序輸入電腦，相應地在電視機上就可出現各種圖形，也有文字，有的還可以發出聲音，玩的人可以根據程序的要求，按動電腦的鍵盤進行遊戲。現在電子遊戲已經成了人們生活中常用的一種娛樂方式。電子遊戲幾乎隨處可見，人們的喜愛程度可見一斑。遊戲廳裡各種電子遊戲吸引眾多青少年前往，有賽車、拳擊、冒險、戰鬥等。而遊戲載體除了有遊戲廳裡的遊戲機外，還有專門玩遊戲的PSP，還可以在手機上玩，大型網路類遊戲都可以透過電腦來運行。

日常生活中遊戲很多，就看你感不感興趣了。善於發現，也許一些小小的活動也能帶給人快樂的享受。在遊戲中最重要的就是快不快樂，而快不快樂又取決於你的心，所以要認真、用心去玩，讓心得到快樂。

心理透視

人們為什麼那麼愛玩遊戲呢？這個問題一直困擾著大家，我們認為有幾個方面因素的影響。

首先，遊戲的性質是娛樂的，人本我追求的是快樂原則。佛洛伊德提出本我、自我和超我的概念，稱「本我」是按「唯樂原則」活動的，它不顧一切地要尋求滿足和快感，這種快樂特別指性、生理和情感快樂。而在運動類的遊戲活動中需要我們的身體參與，有時還需要比較健碩的身體才能更好地完成遊戲，身體在各種姿勢的變化中得到了不同的感覺經歷，就會散發出一種欣娛的快感，從而滿足了人們生理上的快樂需求。而在一些智力遊戲中，我們的情感和思維會暴露在不同於日常的情感和思維中，體驗一番另類的景色，或讓我們情感得到滌蕩，或讓我們思維頓時豁然開朗，讓情感思維做了一套輕鬆的健美操。

其次，遊戲形式操作簡單，要求不高。任何一類遊戲都是由最初的少數人能夠玩到多數人都可以玩的過程，形式不斷創新，方法不斷改進，成本也大大減少。例如，拼圖遊戲最初只能在歐洲貴族的遊戲中見到，後來工業技術的發展到現在基本每個小孩都玩過拼圖。當今世界最大的球類運動——足球，曾經在中國古代稱為蹴鞠，那時的球就是一個簡單的竹籠，不能跳躍，喜歡玩的人也很少，而現在一場足球世界盃牽動著整個世界的心。

再有，人的自我實現的需求。從馬斯洛的需求層次理論來看，人在滿足了基本的生理需求和安全需求後，就需要更高層次的需要——自我實現。人們之所以玩遊戲，是因為在遊戲中他們能夠比較輕鬆地實現自己的目標，體驗一種成就感，這就是很多網路遊戲吸引人的關鍵。

生活魔方

在學習的高壓下、在老師的命令裡、在父母的要求下，你是不是也認為玩遊戲耽誤了學習呢，你是不是也覺得玩物喪志呢？那麼我們來看看心理學對待遊戲的態度吧。遊戲的實質是一種有目的、有意識的社會活動，是對客

觀現實的一種特殊反映。遊戲能促進兒童身心的全面發展。既然如此，我們就需要參與到必需的遊戲中。

用心體驗生活

生活中的每個小細節都有值得我們細細品味的地方，只要我們善於去發現，就會有我們意想不到的精彩，當我們把這些精彩之處詳細地記錄下來，並且透過自己的方式加以改造，就可以讓我們透過遊戲的方式和別人分享，讓大家能透過簡單的形式體驗那一份生活的感悟。

善於收集遊戲

很多遊戲都值得我們反覆玩味，一次也許不能夠讓你體驗到其中的精彩，但是如果你在不同的時候和不同的人玩或許會得到另外一番情趣，這也讓其他人感受到你的真誠和友善。對於在書本上或者網路上看到的一些小遊戲，我們可以加以收藏，以便在一個人無聊的時候能聊以解悶。

寫寫遊戲體驗

遊戲不僅僅供我們玩耍，往往還能夠給我們一些教育的啟迪。一個腦筋急轉彎能夠讓我們知道換個角度看問題的好處，一場比賽能夠讓我們學習到團結才是力量，一次角色扮演或許能夠讓我們體驗到他人不一樣的情感。可以說，遊戲就是另一場簡縮版的生活，在遊戲中玩耍，也在遊戲中感悟成長。

遊戲過度會傷身

電腦誕生以後，電子遊戲就產生了，眾多網路遊戲迷對電子遊戲的痴迷使得電子遊戲的市場越來越大，玩家也越來越多，隨之而來的負面影響也讓人們措手不及，經常可以在報紙傳媒上看到這樣的新聞：一個孩子沉迷網路遊戲，連續幾天待在網吧，結果身心衰竭而死。而這些玩家又基本上都是國中生，正值荳蔻年華卻因為遊戲而失去了人生經歷全程體驗的權利。要知道遊戲是為了更快樂地生活而存在的，不要為了遊戲而生活。

心理驛站

電腦是把「雙刃劍」

數位時代，電腦遊戲成了很多人的休閒夥伴。玩遊戲好不好？心理學家爭論不休。2010 年 3 月，美國愛荷華州立大學特聘教授克雷格·安德森等從性別、年齡、研究類型等方面對暴力電子遊戲與攻擊性之間的關係進行分析表明：玩暴力遊戲可以增加人的攻擊行為、攻擊認知、攻擊情感、生理喚醒和減少親近社會的行為。也就是說，有「打打殺殺」等暴力情節的遊戲會讓人滋生暴力傾向。2010 年 4 月的另一項研究發現，玩 PSP 遊戲機的孩子，學習成績普遍下降。不過，也有科學家發現，打遊戲，尤其是動作類遊戲可以讓人反應更靈活。

看來，電腦遊戲還真是把「雙刃劍」啊！偶爾消遣並無大礙，但切記不可玩物喪志。

心靈雞湯

無精打采的娛樂，絕不能使人生潤澤、事業進步。娛樂至少與工作有同等的價值，或者說，娛樂是工作之一部分！

——冰心

▍讓你的大腦動起來

作為人，我們最大的驕傲和自豪應該是我們能夠思考。思考是我們人類區別於其他低等動物的根本特徵。正是因為我們人類能夠理性思考，才能有巨大的城市、龐大的建築物和各式各樣的發明，從而讓這個星球變得不一樣，變成我們人類自己的家園，讓我們的生活能夠幸福美滿，在茫茫宇宙中能有一個安定的住所。

第六篇 時尚男孩，潮流前線

高級的思考遊戲

通信技術曾經長期停滯不前。即使是外敵入侵、邊城告急，除卻狼煙報警之外，最快的辦法也不過是驛站快馬傳送文書。17 世紀中期，英國海軍推行了旗語。18 世紀末，法國政府建立了信號機體系，這才在一定程度上解決了海陸快速傳送消息的困難。

1832 年秋天，在大西洋中航行的一艘郵船上，美國醫生傑克遜給旅客們講電磁鐵原理，旅客中 41 歲的美國畫家摩斯被深深地吸引住了，並牢牢記住了這些。他聯想起自己所看到的法國信號機體系，它每次只能憑視力所及傳訊數英里而已；如果用電流傳輸電磁訊號，不是可以在瞬息之間把消息傳送數千英里之遙嗎？從這以後，他毅然改行投身於電學研究領域。從此，摩斯的生活發生了根本轉變。

摩斯於 1791 年出生在美國一個牧師家庭。他青年時研究繪畫和雕刻，歷任過若干藝術團體的負責職務。他拋卻了鋪著榮譽地毯的藝術之路，轉向尚處於幼年時代的電學，冒著失敗的風險，在崎嶇不平的科技之峰上努力攀登。在試製電報機的過程中，摩斯的生活極為困苦，有時甚至挨餓。他節衣縮食，以購置實驗用具。1836 年，他不得不重操藝術家的舊業，以解決生計問題。但他始終沒有中斷研究工作，透過堅持不懈的努力和友人的幫助，摩斯終於獲得成功。

摩斯從在電線中流動的電流在電線突然截止時會迸出火花這一事實得到啟發，「異想天開」地想，如果將電流截止片刻發出火花作為一種信號，電流接通而沒有火花作為另一種信號，電流接通時間加長又作為一種信號，這三種信號組合起來，就可以代表全部的字母和數字，文字就可以透過電流在電線中傳到遠處了。

經過幾年的思索，1837 年，摩斯設計出了著名且簡單的電碼，稱為摩斯電碼，它是利用「點」「劃」和「間隔」（實際上就是時間長短不一的電脈衝信號）的不同組合來表示字母、數字、標點和符號。

1844年5月24日，在華盛頓國會大廈聯邦最高法院會議廳裡，一批科學家和政府官員聚精會神地注視著摩斯，只見他親手操縱著電報機，隨著一連串的「點」「劃」信號的發出，遠在64公里外的巴爾的摩城收到由「嘀」「嗒」聲組成的世界上第一份電報。

心理透視

經典的勵志故事很多很多。愛迪生、霍金、牛頓、布爾等等的成長經歷無一不是和他們愛思考的好習慣聯繫在一起的，但思考成為一種愛好，當把思考作為一種自己喜歡的遊戲來做時，還有什麼能更讓我們興奮呢？常常動用自己的腦子，把思考作為一種玩耍的遊戲，那麼你也會得到不一樣的好處。

愛動腦是一種聰明的好習慣。從古今中外的各位名人那裡，你都能看到這個好習慣伴隨著優秀的人們走過輝煌的一生。蘇格拉底愛動腦成為西方歷史上最偉大的人；愛迪生愛動腦，最終發明了無數造福人類的重要物件；霍金雖身殘但志堅，軀殼束縛不了他的大腦，照樣動腦思考著人類的未來、瀚海的宇宙世界。

愛動腦能幫助我們更好地生活。生活中隨時隨地都需要我們動用起自己的腦子，來為自己尋找更適合自己的生活方式，如何讓自己的週末過得更加開心，如何讓一場聚會能更加拉近夥伴們的友誼，如何不讓一場失敗的比賽摧毀自己的辛勤和努力。我們要用自己的方式爭取自己想要的幸福，把理想變為現實。

愛動腦還是一種開發自己的表現。現在我們的大腦正值開發的黃金階段，要想讓自己變得更加聰明、有頭腦就得要多動腦，把思考作為一種遊戲，讓自己更加智慧。

生活魔方

既然思考是如此的重要，我們就要鍛鍊我們的大腦細胞，活躍我們的思維神經，那麼有哪些方法可以培養我們動腦思考，而且能像遊戲一樣讓我們喜愛呢？試試以下方法。

愛上思考

愛上思考不容易，可是你也聽說過興趣是最好的老師。也只有我們真心愛上思考，才會去主動思考，發掘思考的無窮魅力，探索自己身上祕密的吸引力是巨大的，就看你去不去試了。

仔細觀察

眼睛是窗戶，是我們獲得知識和資訊的重要途徑。世界上萬事萬物每時每刻都在發生著巨大的變化，一朵花會在幾個小時內由含苞待放到開出動人的花朵，一隻蜜蜂會在一段時間內把芬香的花粉加工為甜蜜的蜂蜜，一段時間裡可能在你身邊就會多出一棟棟漂亮的住宅小區。還想說每天的生活都一樣麼，趕快睜開你明亮的眼睛發覺這個世界的精彩吧。

凡事想一想

生活中大大小小的事情很多，複雜的事情未必就需要複雜的思維，而簡單的事情有時也不是簡單思維就能夠解決問題的。例如買蘋果，你也需要考慮自己要買哪個品種、多少重量、個兒大的還是小的。在生活的細節中也不放棄思考才是愛思考的表現。

多玩思考遊戲

思考遊戲多種多樣，有些需要你變換平日裡的思考角度，打破思考慣性，有些看似埋伏陷阱實則按照常規卻是最好的方法，而有些則需要你瞭解專業的知識才能體驗到成功解題的快感。很多專為思考遊戲編寫的書籍也很值得看看，而且其中也有教我們如何思考的內容和一些思考的規律。

和人交流

與人交流能讓我們獲得資訊,瞭解別人的想法,學習他們的思考模式和方法,同時也檢驗自己的思考模式是否正確,從而調整自己的思考方式。而且與人交流時讓我們獲得的愉快感能夠激活我們的大腦,讓思考更加輕鬆活躍。

多提問,並自己試著回答

提問是一項綜合性的訓練。提出一個好的問題是對知識和思維的雙重檢測,問題應該提得恰當並且透過最大的努力能夠解答。只有這樣才能對自己的思維有個系統和整體的瞭解,發現問題也才能對症下藥,及時彌補錯誤。

試著分析社會新聞

這個時代是傳媒時代!中學生是重要的活躍團體,對社會上發生的新聞有強烈的興趣,不妨讓我們透過思考的方式來瞭解這個社會的真實。首先,你要注意的一點是新聞並不都是真實的,對於那些誘人的標題你應當保持謹慎,因為新聞記者們需要讀者。其次,不要被一篇報導矇騙,你需要自己去尋找更多的消息從而做出正確的判斷。

自信,保持愉悅感

研究證明,自信的人思維更加活躍,自信能讓大腦產生一種活躍大腦的神經遞質,從而增強大腦裡血液的流通,讓大腦活動更加有效率,把思考變成一件輕鬆的事情。另外,人們也樂於和自信、樂觀的人交流,交流雙方都會獲得一種愉悅感,從而讓自信的人更加自信。

心理驛站

愛因斯坦問題

愛因斯坦出了一道題,他說世界上有 90% 的人回答不出,看看你是否屬於 10%。

第六篇 時尚男孩，潮流前線

內容：

1. 有 5 棟 5 種顏色的房子

2. 每一位房子的主人國籍都不同

3. 這五個人每人只喝一個牌子的飲料，只抽一個牌子的香煙，只養一種寵物

4. 沒有人有相同的寵物，抽相同牌子的煙，喝相同牌子的飲料

已知條件：

1. 英國人住在紅房子裡

2. 瑞典人養了一條狗

3. 丹麥人喝茶

4. 綠房子在白房子的左邊

5. 綠房子主人喝咖啡

6. 抽 PALL MALL 煙的人養了一隻鳥

7. 黃房子主人抽 DUNHILL 煙

8. 住在中間房子的人喝牛奶

9. 挪威人住在第一間房子

10. 抽混合煙的人住在養貓人的旁邊

11. 養馬人住在抽 DUNHILL 煙人的旁邊

12. 抽 BLUE MASTER 煙的人喝啤酒

13. 德國人抽 PRINCE 煙

14. 挪威人住在藍房子旁邊

15. 抽混合煙的人的鄰居喝礦泉水

問題：誰養魚？

稱球問題

12個球和一個天平，現知道只有一個和其它的重量不同，問怎樣稱才能用三次就找到那個球？（注意：此題並未說明那個球的重量是輕是重，所以需要仔細考慮。）

心靈雞湯

知識，只有當它靠積極的思考得來，而不是憑記憶得來的時候，才是真正的知識。

——托爾斯泰

大家一起來

我們生活在一個高度密集的社會裡，任何人都需要與他人的團體協作才能做成一件事，現在團隊協作精神已經成為了普世價值觀，團隊的合作可以提高效率，優勢互補，節省成功所需要的成本。團隊精神是如此的重要，那麼我們就應該培養自己的團隊合作能力，樹立共贏思想，使自己具備幸福快樂生活的必備條件。很多遊戲都是需要本團隊的成員集體協作才能完成的，而這些遊戲又往往是很具有吸引力的，我們可以多玩玩這類遊戲。

團隊小遊戲

坐地起身

一、項目類型：團隊合作型

二、道具要求：無需其他道具

三、場地要求：空曠的場地一塊

四、項目時間：20～30分鐘

五、詳細遊戲規則：

1. 要求四個人一組，圍成一圈，背對背地坐在地上；

2. 在不用手撐地的情況下站起來；

3. 隨後依次增加人數，每次增加 2 人直至 10 人。

在此過程中，工作人員要引導同學堅持，堅持，再堅持，因為成功往往就是再堅持一下。

六、活動目的：這個任務體現的是團隊隊員之間的配合，該項目主要讓大家明白合作的重要性。

十人九足

一、項目類型：團隊協作型

二、場地要求：一片空曠的大場地

三、需要道具：每組一條長約五公尺的繩子

四、詳細遊戲規則：以班級為單位，共七個隊伍。每隊十人，五男五女交叉排成一橫排，相鄰的人把腿繫在一起，一起跑向終點，用時最短的勝出。分成三組進行比賽，抽籤決定比賽次序。

五、活動目的：「十人九足」項目體現的是團隊隊員之間的配合和信任，本遊戲主要為鍛鍊大家的團隊合作能力及協調能力。

搭橋過河

一、項目類型：戶外素質拓展遊戲、競技娛樂遊戲

二、參賽人員：每隊派六人上場（2 男 4 女）

三、場地要求：一片空曠的大場地 比賽賽距：30 公尺

四、需要道具：小地毯（報紙或者毛巾布等）

五、競賽方法：賽道兩頭各一組，每組分三人自由組合，起點組手持四塊「小地毯」，由第一名隊員向前搭放「小地毯」，第三個隊員不斷地把身後的「小地毯」傳給第一個隊員，三人踩著「小地毯」前進 30 公尺，其距離為 30 公尺（以籃球場寬為準，來回），要求腳不能觸地，繞過障礙物回

到起點，待三人全部過界後另一組將接過「地毯」以同樣的方式往回走，最先到達起點的為勝。按時間長短記名次，按名次記分。

七、競賽規則：

（1）參賽隊隊員在起點線外準備。待一組隊員全部到達終點時另一組才能開始接力。

（2）比賽過程中只要有腳觸地的情況，均視為犯規。並按觸地次數對比賽用時給以增加。

八、活動目的：本活動旨在培養團隊協作能力和戰略戰術，訓練團隊內部的協調能力

解手鏈

一、形式：10 人一組為最佳

二、時間：20 分鐘

三、活動目的：讓隊員體會在解決團隊問題方面都有什麼步驟，聆聽在溝通中的重要性以及團隊的合作精神。

四、操作程序：

1. 指揮者讓每組圈著站成一個向心圈

2. 指揮者說：先舉起你的右手，握住對面那個人的手；再舉起你的左手，握住另外一個人的手；現在你們面對一個錯綜複雜的問題，在不鬆開的情況下，想辦法把這張亂網解開。

3. 告訴大家一定會解開，但答案會有兩種，一種是一個大圈，另外一種是套著的環。

4. 如果過程中實在解不開，指揮者可允許隊員決定相鄰兩隻手斷開一次，但再次進行時必須馬上封閉。

心理透視

團隊遊戲的核心就是合作，合作既能夠實現自己的目的，也能達成同伴的願望，合作需要自己和他人共同的努力，但是卻要比一個人努力完成任務有效得多。

合作是為了追求自我利益的最大化

霍布斯曾提出人都是自我利益至上的，而史密解釋說合作社會的功能性更強，個體從中可以獲得更大的自我利益，所以自我利益和集體利益都是導致合作行為的重要因素。遠古時代，人類生活條件極其艱苦，為了抵禦饑餓和猛獸的襲擊，他們只能依靠簡陋的工具組成一個個生活團體來共同求得生存，依靠合作的力量延續生命。因此，人類社會發展的歷史也證明：合作是人類生存的必要方式。

人與人之間的依賴導致合作

大規模的活動能讓人們獲得更多的好處，人們傾向於相互合作來達成目標。凱利的相依理論認為，個人有時會將暫時的簡單利益轉換成追求長期的群體利益，為了更多的好處和更好的人際關係利益，在這一轉換過程中實現了合作。

情感與歸屬感的作用

研究發現當個體對團體產生情感後，他傾向於與這個團體更多地交流互動，產生更多的團體活動。歸屬感是一條強烈的情感紐帶，把團體成員牢牢綁在一起。情感和歸屬感都是團體成員間和睦融洽的潤滑劑。

合作是美德

在中國傳統文化中，以和為貴一直是主流思想，各位先賢聖人都讚揚合作的和諧態度，孟子曰：「天時不如地利，地利不如人和。」《說文》裡面也講：「和，相應也。」民間也有：「三個臭皮匠，頂一個諸葛亮。」合作思想已經完成融入到博大的中華文化中，成為一種美德，受到廣泛的傳播和讚譽。

生活魔方

合作在當今社會是一個時代熱詞，各行各業都在提倡合作，哪怕是我們的教科書裡也無不在提倡合作精神。合作既然對我們有利，那麼我們應該怎麼做才能提高我們合作的表現能力呢，不妨嘗試一些建議。

學會關注別人的需求

找到共同的合作目標，這一點很重要，因為只有當你和別人的需求一致或者說要求共同的條件時，你才會樂意與他人合作，你們才會組成一個行動團體，只有這樣的團體你們才可能產生相互對對方的瞭解和善意，合作才會成功。

需要瞭解人際間的交互作用

社會交換理論認為，在人際交往過程中，如果雙方的行為能夠形成一種公平和相互獲益的關係，那麼這種行為和關係就可以得到繼續發展。很多民俗語言都表達了同樣的意思，如「人敬我一尺，我敬人一丈」，「大家好才是真的好」。

溝通很重要

良好的溝通是社會的通行證，而一個懂得溝通的人也越能夠得到大家的信賴和支持，在團體中溝通顯得尤為重要，各自的想法需要講出來與大家一起分析才能找到既適合自己又符合大家期望的方案，在團體內才能夠得到更多的支持，實現更多的合作，實現自己的目標。

信任自己的夥伴

信任是一筆寶貴的財富，當你的朋友很信任你時，你會覺得你很重要，在團隊中也更加努力，同樣，你也需要給你的夥伴同樣的信任，這樣你們才能夠建立起真正的信任，在面對衝突和不一致意見的時候才可能坦誠相待，順利地解決矛盾，從而維護這個團體的利益。

懂得適時地犧牲

團隊合作不是盡善盡美的，我們不可否認的是團隊的目標行動不可能完全按照自己的想法來確定，只能夠是在方向和大致的目標上是相同的，為了更接近自己的目標就不得不放棄一些，在團隊目標實現後再靠自己完全達成自己的心願。

心理驛站

有一個關於合作的經典情境是囚犯兩難困境。這是一種假設的兩個嫌疑犯被分別審訊的情境。假定，警方認為兩個嫌犯共同參與了同一項犯罪活動但是沒有證據能夠證明；如果兩個嫌犯都不認罪，則由於證據缺乏，兩人都只會被判較輕的罪；而如果兩人都認罪則都會被判重罪。還有另外一種兩難的情境，即如果其中一人認罪，而另外一人沒有認罪，則認罪者會因為協助警方而被釋放，而拒絕認罪的罪犯，則會受到更為嚴重的判決。

顯而易見，兩個囚犯現在面臨一個選擇上的兩難問題：如果他們認為同伴會認罪，那麼自己最好也認罪；另一方面，最好的結果是兩個人聯合一直都不要認罪，這樣兩個人都會被判較輕的罪。因此，如果兩個嫌犯相互信任的話，他們應該選擇合作，都不認罪，這樣兩人都會被從輕判決，但是，如果其中一個人相信同夥不會認罪，他很可能會認罪，因為這樣做自己會被釋放，儘管同夥會被判重罪。在兩難困境中，囚犯都選擇不認罪而共獲輕判就是一種典型的合作關係。

心靈雞湯

要永遠覺得祖國的土地是穩固地在你腳下，要與集體一起生活，要記住，是集體教育了你。哪一天你若和集體脫離，那便是末路的開始。

——奧斯特洛夫斯基

▌時尚的弄潮兒

何謂時尚？時尚，人們愛好或追求某種特殊形式的事物的行為，在一定時期、一定社會範圍內達到流行的程度的一種現象，或稱「時髦」。某種式樣的服裝，耐用消費品，攝影，一次別樣的旅行，一首歌，一本書，一種舞蹈或遊戲，乃至任何一種行為方式，都可以成為時尚的內容。它們都具有獨特的感性形式和審美功能。

潮流時尚

攝影

這個時代是光與影的時代！隨著數位相機的普及，越來越多的人拿起了相機，記錄下幸福的點滴。在清晨的薄霧中，記錄下第一縷陽光穿透濃密的樹葉，灑在青嫩的小草上；在激烈的賽場上，一聲快門響起就能夠記錄下為了榮譽而揮汗奔跑的畫面；在一家人的年夜飯上你也能捕捉到每一張笑臉上的幸福。攝影——已成為這個社會的時尚了，不管你用的是普通相機還是專業的單眼相機，還是方便的手機照相，你都能在其中找到你的時尚。

慢讀

慢讀？是的，就是慢讀。當你玩累了的時候就請找一個不受人打擾的安靜角落，捧一本有思想的好書慢慢咀嚼吧，跟隨著書中的主人翁，和他一起高興，傷心，痛苦和幸福吧，找一找你在教科書，所不能夠得到的情感共鳴。書架上越來越多的是那麼只有浮躁的文字沒有沉靜的情感的暢銷品，那些能夠讓我們心靜的作品被擺在了越來越偏僻的角落裡了。

社群網路

網路在這個社會已經必不可少了，基本上每個青少年都有自己的通訊軟體、社交網站，社群網路已然成形，越來越多的孩子每天透過電腦或手機登錄自己的通訊軟體，刷新自己的社交網站，在這些平台上他們可以說自己的所見所聞，表達情感體驗，或是上傳照片彰顯個性，還可以在這裡結交新朋友，學習在課堂上學不到的新東西。在這裡，每個人都可以創造自己的新空

間，表現自己在平日裡沒有體現的一面，在這裡你可以大膽展示你自己完整的性格。

旅行

現代社會逐漸向發達社會過渡，使得我們的生活更加豐富多彩，交通便利也使得出行更加方便，旅行也越來越受到人們的青睞。一張火車票，一張城市地圖，一個背包和一台相機就能夠讓你輕鬆出門，到一個陌生的城市，尋找不一樣的經歷，體驗另一群人的生活。在旅途中遇見和你一樣的旅人，談談各自的目的地和嚮往的生活，這是多麼美妙的一件事兒啊。

網路團購

團購在最近一兩年內迅速發展起來，越來越多的團購類網站建立起來，團購商品也逐漸增多，飲食、娛樂、服飾、家具用品等，不僅僅在價格上比實體店便宜很多，而且方便顧客，不用再滿大街到處跑去找商品了。雖說我們用的是大人給的零花錢，但是電影、遊戲、飲料這些小東西還是可以自己做主的。

跑酷

跑酷是一項速度——實用性的運動，像猿猴一樣靈活攀越。有人認為是一門藝術。配合出其不意的動作絕對超出了常人的想像，絕對是視聽盛宴！它能使人透過敏捷的運動來增強身心對緊急情況的應變能力。跑酷不只是對身體有利，對思想也是很重要的。當在練跑酷的時候，你要非常地專注。學跑酷會讓人明白，怎麼克服自己的恐懼，加強克服困難的能力，不斷提升自己的能力。

......

時尚的內容是豐富多彩的，各種不同的形式，千差萬別的內容，時尚不僅僅是服裝、髮型和奢侈品，更多的是一種隨心的生活方式，這樣，你也可以引領時尚。

心理透視

既然時尚是如此地吸引人,那麼他有什麼心理學原理呢?我們試著分析一下。

首先,時尚是一種大眾流行趨勢,那麼追求時尚就是一種從眾行為。時尚行為總是在一段時期內得到大多數人的追捧,原因還是人們受到從眾心理的影響。心理學上講,從眾是指團體成員受到團體壓力後在知覺、判斷、價值觀上與團體內多數人趨於一致的行為。那麼時尚流行也就是當一種流行的東西被越來越多的人接受後,你會無形中感受到周圍人對你的壓力,於是你也接受這種流行的東西和他們保持一致,不然就會覺得和周圍的人群格格不入。從某種意義上來說,在時尚方面中遵循從眾這一行為是有利於個體在團體成員中的交往的。

其次,時尚的東西是在當時社會條件下一種新的更加適合代替之前流行行為的產物。在人們生活的一些用具上應該變得越來越方便才行,例如鋼筆代替了毛筆,洗衣液比洗衣粉更受歡迎。而在提高人們生活質量上的時尚產品應當更加具有檔次,例如飲食的精細化、電影特技和內涵的提高等。這些流行因素無一不是為了滿足人們的更高需求。

同時時尚也是一種內心的展示。很多處於潮流前線的商品更多的是展示獨特的個性方面,適合的是一部分群體而並非所有人都能造成襯托自己的效果,反而會是一種東施效顰的結果。所以尋找適合自己的潮流時尚吧,認識自己,悅納自己。

生活魔方

那麼我們如何才能夠既保持時尚的風格、得到他人的欣賞,又能夠順從我們的心靈呢?不妨從一下幾個方面嘗試一下吧。

擁有一顆好奇的心

好奇心是我們追求時尚道路上強大的領路人,好奇心的存在能讓我們大膽去嘗試很多從沒見過、用過的東西,也許當你試過之後你會發覺原來世上

還有這麼一種令人傾心的藝術品，然後把它按照自己的意願加以潤飾後就成為你自己的時尚了。好奇心還能夠激發我們的探索和思考，從一些小東西當中我們也可以動手做做自己喜愛的小飾物。

敢於嘗試

沒有經歷過就沒有權利去評論，沒有嘗試過長途旅行的人怎麼能夠體味其中的艱辛呢？沒有經歷過相思之苦的人又怎麼能體會分離時的痛苦呢？沒有為夢想而努力奮鬥到滿身傷痕纍纍又怎麼能體會到夢想實現時眼淚中的欣慰呢？敢於去嘗試，敢於去體會，才能夠獲得那份心靈的振顫，你也才能知道時尚原來就是心的需要。

不被常規思維束縛

相信你已經明白現在創新思維是多麼地受熱捧，可以說創新思維已經無處不在了。在這個靠腦子才能生存下去的競爭年代，你還想用一套傳統的舊思維來享受高質量的時尚生活麼？每天都在產生新東西的環境下，只有更有新意、更具創意的東西才能夠餵飽我們那顆好奇而時尚的心。

大膽交流

時尚如果不能夠被別人認可和欣賞那也僅僅就是孤芳自賞、自娛自樂罷了。一個人的快樂只有在和別人交流後才可能變成兩個人的快樂，快樂得到傳播，時尚才有意義。時尚在交流中流變，在交流中發揮它的魅力，在交流中得到延續。

加入趣味團體

在大都市裡喜愛某項運動的人往往會聚集在一起，組織個俱樂部什麼的，在這裡有真正的時尚運動達人，在這裡你能夠找到時尚的引領，能夠得到朋友們最時尚的建議，在這裡你可以把時尚進行到底，沒有人約束，只有最純粹的運動。

心理驛站

1999 年夏，賈伯斯推出了兩樣東西：其一是 iBook；其二是一個完美和永恆的自我版本。在美國歷史上的眩暈和荒謬的時刻，賈伯斯狂妄地站了出來，他說自己有個更好的想法，因為他還有一款更好的產品。兩年後，他推出了 iPod；六年之後，他又推出了 iPhone。決心已下，無從抉擇，沒有退路，直至終結。賈伯斯就這樣在他的夢想裡一步一步地創造著引領全球的時尚品牌。

心靈雞湯

時髦的東西，總是在突出的個性之中包含了相當廣泛的共性。了解時髦，也就在一定程度上瞭解了一個社會和時代。

——汪國真

管理好你的儲蓄罐

在市場經濟日益發達的今天，錢已經成為一道生活的通行證。沒有錢很多事情都是辦不到的，並且目前各種花銷越來越大。對於我們未成年的男孩來說，本來就沒有經濟來源，我們應該如何花好我們的零用錢呢？答案就是——學會理財。理財，如今已不僅僅是大人們的一種投資行為了，更加變成了一種現實的生活必需，一種生活方式，因為我們總是想花最少的錢辦成更多的事情。

儲蓄罐的祕密

小約翰·D·洛克菲勒（石油大王約翰·D·洛克菲勒的兒子）一直認為自己是父親巨額財產的管理者而不是擁有者。他把博愛當作畢生的事業，一生中為公共事業捐獻了 5000 多萬美元。他在 1920 年 5 月 1 日給兒子約翰·D·洛克菲勒三世寫了一封信。在信裡他為 14 歲的兒子列出了「財政」要求。信的全文如下：

帥氣男孩修煉手冊

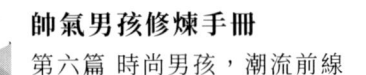

第六篇 時尚男孩，潮流前線

爸爸和約翰的備忘錄

零用錢處理細則：

1. 從 5 月 1 日起約翰的零用錢起始標準每週 1 美元 50 美分。

2. 每週末核對帳目，如果當週約翰的財政記錄讓父親滿意，下週的零用錢上浮 10 美分（最高零用錢金額可等於但不超過每週 2 美元）。

3. 每週末核對帳目，如果當週約翰的財政記錄不合規定或無法讓父親滿意，下週的零用錢下調 10 美分。

4. 在任何一週，如果沒有可記錄的收入或支出，下週的零用錢保持本週水準。

5. 每週末核對帳目，如果當週約翰的財政記錄符合規定，但書寫或計算不能令爸爸滿意，下週的零用錢保持本週水準。

6. 爸爸是零用錢水準調節的唯一評判人。

7. 雙方同意至少 20% 的零用錢將用於公益事業。

8. 雙方同意至少 20% 的零用錢將用於儲蓄。

9. 雙方同意每項支出都必須清楚、確切地被記錄。

10. 雙方同意在未經爸爸、媽媽或斯格爾思小姐（家庭教師）的同意，約翰不可以購買商品，並向爸爸、媽媽要錢。

11. 雙方同意如果約翰需要購買零用錢使用範圍以外的商品時，約翰必須徵得爸爸、媽媽或斯格爾思小姐的同意。後者將給予約翰足夠的資金。找回的零錢和標明商品價格、找零的收據必須在商品購買的當天晚上交給資金的給予方。

12. 雙方同意約翰不向任何家庭教師、爸爸的助手和他人要求墊付資金（車費除外）。

13. 對於約翰存進銀行帳戶的零用錢，其超過 20% 的部分（見細則第八款），爸爸將向約翰的帳戶補加同等數量的存款。

14. 以上零用錢公約細則將長期有效，直到簽字雙方同時決定修改其內容。

洛克菲勒家族是世界上最富有的家族之一，而他們家族卻始終堅持著合理而有節制的理財觀，可見理財才是富有的保證。

心理透視

理財不僅僅是管理已經有了的金錢，還包括如何創造財富。生財之道就是理財之路，一個人不可能從身無分文到家財萬貫，首先要有資本才可能掙得更多的錢，如何讓資本獲利就是理財。

理財從點滴做起

理財不在於財富的多少，理財是一種心態，一種好習慣。洛克菲勒不就是從日常零花錢的管理開始的麼，逐漸學會管理錢財的方式、方法，從小養成的理財好習慣成為他人生財富的奠基石，現在他管理著巨大的財富王國可說是遊刃有餘。

理財要根據個人實際情況

在物慾橫流的社會裡，一些人在一夜之間暴富，讓很多抱有不勞而獲思想的人只想著有一天自己也能成為億萬富翁。可是暴富的人只可能是少數，還得看機遇，機遇可遇不可求。根據美國《財富》雜誌連續 68 年的追蹤調查結果，90% 能夠達到財務自由的人，關鍵來自於「正確的資產配置」。正確的資產配置就必須根據自己的個人實際情況來完成。

理財要從小培養

理財是一種心態，也是一種素質，不是一天兩天就能夠學會的。巴菲特曾經說過：「諾亞並不是已經在下大雨的時候才開始建造方舟的。」而他本人也是從小就受到家庭環境的薰陶。在現在很多剛開始工作的人群都有一部分是月光族，他們就是因為沒有學會理財，很多時候生活還需要靠借錢來維持。

帥氣男孩修煉手冊
第六篇 時尚男孩，潮流前線

生活魔方

理財可以有幾個基本的操作，例如存入銀行帳戶、瞭解家庭投資知識、合理預算等，這樣不僅可以清楚錢財的流動，還可以理解經濟的運作方式。

開個儲蓄帳戶

當小孩具備一定獨立思考能力時，家長可以帶領孩子去銀行開設儲蓄帳戶，讓孩子定期存錢，告知為什麼要存錢和存錢可以讓錢獲得利息的基本概念。一方面，將銀行儲蓄的方法、種類、利率等知識，教授給孩子，讓他們從小對金融類知識有所瞭解，從而引發孩子的興趣；另一方面也養成了孩子從小節約、積少成多的儲蓄習慣。

瞭解家庭投資方式

家長可讓孩子適當地瞭解家庭的投資類型與投資方式。家長可將這些相對複雜的投資類型透過簡單的歸納、總結後用通俗易懂的方式告訴孩子。當然，有條件的還可以讓孩子參與一些簡單的交易買賣活動，透過各種不同的交易方式讓孩子明白買與賣之間的關係和可能產生的贏利與虧損問題。

對零花錢實行預算

家長可讓孩子對自己的零花錢實行預算，讓孩子學會將自己的零花錢分成「必須使用的」、「可以節省的」、「用來存儲的」幾個板塊進行安排。建立屬於孩子的帳本，讓他們養成記錄收入與支出的習慣。家長可定期幫助孩子檢查帳本，瞭解孩子目前的財務狀況，並透過帳本所反映的虧盈情況引導孩子尋找相應方法，幫助孩子樹立階段性儲蓄目標。

雖說大筆投資理財都是大人們的事情，但是當我們對待我們的零花錢也是希望讓它發揮更大的作用，那麼就來借鑑下其他國家的孩子們的理財方式吧。

美國：賣玩具換收入

美國父母把理財教育稱之為「從 3 歲開始實施的幸福人生計劃」。他們認為：「要花錢，打工去！」美國小孩會將自己用不著的玩具擺在家門口出售，

以獲得一點收入。這能使孩子認識到：即使出生在富有家庭，也應該有工作的慾望和社會責任感。

英國：能省的錢不省很愚蠢

英國的理財教育在不同階段有不同要求：5歲至7歲的兒童要懂得錢的不同來源；7歲至11歲的兒童要學習管理自己的錢；11歲至14歲的學生要懂得人們的花費和儲蓄受哪些因素影響；14歲至16歲的學生要學習使用一些金融工具和服務。

日本：管理自己的零用錢

日本人主張孩子要自力更生，不能隨便向別人借錢，主張讓孩子自己管理自己的零用錢。日本人教育孩子有一句名言：「除了陽光和空氣是大自然賜予的，其他一切都要透過勞動獲得。」許多日本家長都鼓勵孩子利用課餘時間在外打工掙錢。

法國：家長給孩子設帳戶

法國的父母在孩子三四歲開始進行「家庭理財課程」的教育。在孩子10歲左右時，給他們設立個人的獨立銀行帳戶。當孩子有了獨立帳戶後，法國家長就不定期給孩子零用錢了，而是藉助一些特別的日子，如節日、生日等才會給孩子零用錢。他們的理由是：孩子並非家長的僱員，他們也沒有為家庭創造任何財富，因而不要讓他們產生定期「領工資」的錯覺，時間長了，沒準會誤以為向家長領取零用錢是天經地義的事情。

猶太人：延後享受

「猶太式」的財商教育：「如果你喜歡玩，就需要去賺取你的自由時間，這需要良好的教育和學業成績；然後你可以找到很好的工作，賺到很多錢，等賺到錢以後，你可以玩更長的時間，玩更昂貴的玩具。」

心理驛站

據研究，南半球一隻蝴蝶偶爾搧動翅膀所帶起來的微弱氣流，由於其他各種因素的摻和，幾星期後，竟會變成席捲美國德克薩斯州的一場龍捲風！

帥氣男孩修煉手冊
第六篇 時尚男孩，潮流前線

紊亂學家把這種現象稱為「蝴蝶效應」，並作出了理論表述：一個極微小的起因，經過一定的時間及其他因素的參與作用，可以發展成極為巨大和複雜的影響力。

「蝴蝶效應」告訴我們，管理好我們的儲錢罐也很重要。一塊錢兩塊錢的用途，花費在什麼東西上有時可能增加我們低成本帶來的巨大好處，也可能讓我們買不到自己正真想要的東西，反而弄壞了自己的好心情。

心靈雞湯

我們學校教育中缺乏財商教育，現在許多孩子都習慣於看到一件滿意的東西就朝爸爸媽媽開口「我要買」，但是錢是哪裡來的、如何去衡量價格和價值等，都不知道。我們要從小學就倡導財商教育，讓孩子們知道怎麼掙錢花錢。

管理好你的儲蓄罐

國家圖書館出版品預行編目（CIP）資料

帥氣男孩修煉手冊 / 高雪梅 主編 . -- 第一版 .
-- 臺北市：崧燁文化，2019.07
　　面；　公分

POD 版
ISBN 978-957-681-873-8(平裝)

1. 修養 2. 男性

192.3　　　　　　　　　　　　　　108010020

書　　名：帥氣男孩修煉手冊
作　　者：高雪梅 主編
發 行 人：黃振庭
出 版 者：崧燁文化事業有限公司
發 行 者：崧燁文化事業有限公司
E-mail：sonbookservice@gmail.com
粉 絲 頁：　　　　　網址：
地　　址：台北市中正區重慶南路一段六十一號八樓 815 室
8F.-815, No.61, Sec. 1, Chongqing S. Rd., Zhongzheng
Dist., Taipei City 100, Taiwan (R.O.C.)
電　　話：(02)2370-3310 傳　真：(02) 2370-3210

總 經 銷：紅螞蟻圖書有限公司
地　　址：台北市內湖區舊宗路二段 121 巷 19 號
電　　話：02-2795-3656 傳真：02-2795-4100　　網址：
印　　刷：京峯彩色印刷有限公司（京峰數位）

　本書版權為西南師範大學出版社所有授權崧博出版事業股份有限公司獨家發行
電子書及繁體書繁體字版。若有其他相關權利及授權需求請與本公司聯繫。

定　　價：280 元
發行日期：2019 年 07 月第一版
◎ 本書以 POD 印製發行